RODOLFO MACHADO AND JORGE SII

BUILDINGS FOR CITIES

RODOLFO MACHADO AND JORGE SILVETTI

BUILDINGS FOR CITIES

With a translation into Italian

Peter G. Rowe, Editor

Gabriel Feld, Project Assistant

The municipality of Caltagirone, Sicily, has generously supported this publication.

HARVARD UNIVERSITY GRADUATE SCHOOL OF DESIGN 1989

Rodolfo Machado and Jorge Silvetti: Buildings for Cities is one in a series of publications produced
by the Harvard University Graduate School of Design, 48 Quincy Street, Cambridge, Massachusetts
02138. This catalogue was published in conjunction with an exhibition of Machado and Silvetti's work
at the Gund Hall Gallery, April 4 to 21, 1989.

International Standard Book Number: 0-8478-1068-2

Library of Congress Catalog Card Number: 88-083839

Trade edition published in the United States of America in 1989 by Rizzoli International Publications, Inc., 597 Fifth Avenue, New York, New York 10017.

Design: Jean Wilcox
Typesetter: Monotype Composition, Inc., Boston, Massachusetts
Printer: United Lithograph, Somerville, Massachusetts

Margaret B. Reeve, Curator of Exhibition Catalogues
Joseph Ryan, Project Editor
Susan McNally, Production Coordinator

half-title page: Sesquicentennial Park, Houston, Texas

Contents

On Teaching and Practice

The best architectural education in the United States—despite recent pretensions to high technology, business and sociopolitical concerns—still takes place in something called a studio, under the direction of an odd assortment of professionals, paraprofessionals, academics and laymen from other disciplines, many of whom are part-time and/or inexperienced. Both the setting and the faculty are unique. Indeed, the practice of teaching and the teaching of practice have long been among the most characteristic, least understood and healthiest aspects of architectural culture in this country. With notable exceptions, most recent leading architects have spent important parts of their careers teaching architecture. A strong case can be made that the profession has been carried forward precisely by those who choose to live both in the academic and the professional worlds.*

There are similar connections between practice and teaching in law and medicine, and more recently in business. But the bonding of the two vocations is greater and more widespread in architecture, forming a network of critical seam-lines within the structure of the profession. This aspect of architectural education and practice has gone largely unrecognized in the outside world, however, and it is even resented by a segment of practicing professionals who look upon teachers-practitioners with a mixture of scorn, unease and resentment, viewing them as "unrealistic academics" who wield undue influence over their students and the course of design, often "tainting" and then hiring away the best graduates before they come into the marketplace.

While the informed public has been made increasingly aware of architectural "superstars," many of whom teach; while public television has recently helped make architecture more accessible and daily newspapers carry an ever-wider coverage on the impact of planning, design and development issues; while bookstores offer ever-larger sections devoted to the field and magazines and journals proliferate; while more architectural symposia, conferences, and competitions are held around the country; in short, while there has been a great increase in architectural background noise and imagery, little of it has focused on the curious alchemy of making architects—with teachers who practice and practitioners who teach—that fertile and, at times, incestuous relationship between the academy and the practice that is a singular hallmark of the profession. Television has made doctors, nurses, lawyers, rookie cops, even teachers real, yet, outside of the *New Yorker's* splendid profile on Vincent Scully, I am not aware of anything in the national media about *how* those who design and build the physical world are trained; *who* trains them and *why* the connection between training and doing, particularly in architecture, is such an important imprinting experience.

Harry Cobb's elegant Gropius lecture on architectural education, given at the Graduate School of Design and published by the school, touched on many of these important issues. It could easily have appeared in the Sunday *New York Times Magazine*, for example, where it would have had an interested audience; but, outside of a knowing inner circle, it has gone largely unnoticed. Architecture is, after all, not yet seen as critical a part of our lives as money, health, sports, sex, crime, safety, entertainment or politics. Rather, architecture falls somewhere near the bottom of a list that includes education, science, fashion, art and classical music; that is, near the back sections of our newspapers and our lives. The teacher-practitioner is an unlikely hero for the consumer age. The compartmentalization and specialization

*To cite but a few: Mies, Gropius, Breuer, Sert, Howe, Kahn, Johnson, Barnes, Johansen, Rudolph, Franzen, Wurster, Esherick, Moore, Lyndon, Turnbull, Giurgola, Geddes, Venturi, McKinnell, Eisenman, Hejduk, Graves, Gwathmey, Tigerman, Stern, Cobb, Pelli, Cooper, Barnett, Weinstein, Beeby and many others. In communities that have an architecture school nearby, one will invariably find, in the better firms, some of the best young architects teaching. More often than not, these same architects will emerge later on among the acknowledged professional leaders in their communities.

of disciplines does not easily allow or respect either generalist pursuits or a life in two worlds.

Teachers teach, practitioners practice, is a more efficient, reliable, and realistic approach to serious professional issues, given current thinking. A half-system in which seemingly respectable professionals shuttle in and out of schools—lecturing and running academic programs while trying to design and build real buildings, talking with businessmen, contractors and students all in the same day—implies divided attention and loyalty, all of which does not mesh well with single-track preoccupations. Furthermore, many of those in the architectural profession's "guild system"—its journeymen practitioners, joiners, organizers and trade journalists—have been nurtured and educated with the idea that architecture is primarily an issue of techniques and organization; a professional business devoted to getting work and applying specialist skills, in a cost effective way, to practical problems defined by others. Yet the teacher-practitioner has a way of confusing things; of getting history, art and cultural value systems involved; of questioning programs and plans, data and projections; of looking beyond the "bottom line." Clearly, the virus of the academy appears catching, disorienting, even dangerous to many in the field.

Despite one-track preoccupations, many of the most gifted people who enter architectural schools choose, almost intuitively, to teach both for its own reward and to be able to practice in a more informed way. Despite curricular and registration requirements and all matters of professional literature, some of the most influential architects decide to participate in the life of two worlds almost immediately after graduation. They have come to understand that architecture is essentially a low-tech, generalist profession, requiring a broad cultural perspective and education; and that within it, economics, philosophy, history, art, craftsmanship and engineering coexist. Moreover, they understand that it requires a commitment to blending and balancing seemingly exclusive systems and ideas, as well as an uncommon curiosity, energy, and passion over time. Critically, they realize that they will best develop both their insights and skills by keeping a foot in each camp. It is this mixed breed of teacher-practitioner who carries and replants the seed.

At another, practical level, teaching is attractive as an alternative source of income, particularly to young architects who are notoriously underpaid. The studio experience demonstrates that teaching and designing is one of the best ways of structuring and relearning what one was supposed to have learned in school. Particularly important is learning how to think conceptually about architecture and how to explain architectural ideas to oneself and others in synthetic terms. Teaching is also a badge of honor, and the fraternity of young architecture school teachers is an important professional elite. Schools thrive partly on their "underground" reputations, an important part of which is *who* and *where* the coming talents are. Visiting superstars may be important to student recruitment, but it is often the less visible faculty members who shape and maintain a school's lasting reputation. And the word travels fast on the student network. To be known as a good teacher, particularly before one has had the chance to build, provides an important career boost as well as a surrogate reputation, just as drawing is a surrogate product for the real work. The joining of teaching and practice, then, is not only a sanctioned feature of the architectural scene, but a healthy, powerful and effective, if little recognized, *force* in the profession, with instructive lessons for the culture at large.

Rodolfo Machado and Jorge Silvetti have emerged among the leading teachers-practitioners of our time; they are members of an academic elite who also happen to be extremely gifted architects and urbanists. They have built strong programs, attracted devoted student followings, and added immeasurably to the quality of the institutions at which they have taught. They have raised the general level of architectural discourse and, at the same time, trained themselves and some of our most promising young professionals.

To my mind, they are particularly deserving for they see architecture and the design of the city as a singular investigation in which inquiry and realization, poetry and practicality, history and invention are inextricably entwined. They do not separate architecture from urban design any more than they separate theory from practice. Their commitment to excellence, to the highest aspirations of their calling, is as evident in their studios as in their buildings and projects. That they have chosen the academy as the base for their architectural practice is but an indication of their personal preference of setting; that they have taught more than they have built but an aspect of their own self-worth. They are knowing in their analysis and imbued with a sense of history and the timeless needs of the present. They draw as well as make, and they have a real understanding of the power of architectural imagery and of their own special skills in making ideas visible.

Machado and Silvetti's projects, both real and hypothetical, are alive; their informed and practical idealism carries much promise for cities to come. Like a number of their Graduate School of Design colleagues, they can be said to be thoroughly professional in both worlds; one can only look forward to an expansion of their practice for an even greater appreciation of their talents.

Jaquelin T. Robertson, FAIA AICP
Partner, Cooper, Robertson + Partners

Making Civic Circumstances from Objective Speculations

Over the past twenty-five years, urban design in the United States has been strongly influenced by two schools of thought about how cities should be understood and made. Throughout the 1960s and well into the 1970s, substantial credence was placed on designing from a "set of forces to a form." The forces in question usually arose from distinctly positivist, scientific interpretations. Consequently, categories such as land use, infrastructure, and urban systems emerged, along with subordinate relational ideas like connectivity, network and web. The inherently circular integration of analysis and synthesis was immediately cast as a modus operandi, proceeding directly from the former to the latter, and the concerns of urban design were submerged in an attempt to better understand how cities worked.

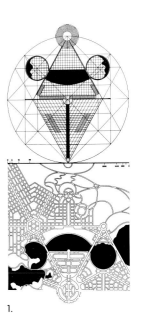

1.

Not unexpectedly, a reaction set in during the 1970s that moved the discourse toward a preoccupation with urban-architectural formalism. Urban design then appeared to reside in the physical realm and largely in a physical context of past accomplishments. Categories such as type, morphology, fabric and fragment emerged, together with phenomenal descriptions like ritual, permanence and continuity.

The urban design work of Rodolfo Machado and Jorge Silvetti does not fit neatly among these categories. Although it is evident that their primary concerns are poetic, that is, dealing with problems of making, a strong and consistent sociocultural agenda can also be seen at work. Furthermore, any suggestion that cities are prescribed or part of an inevitable cultural process, ideas inherent in the two earlier schools of thought, are constantly transgressed in their work. Instead, a respectful yet critical interest in invention and in a search for a new and more responsive urban architecture is present.

The Objective City

At the heart of Machado and Silvetti's urban design work stands a belief that cities can be appreciated objectively, that they are composed of the architectural facts of buildings and geometric conditions of spatial order. Cities are material and practical for them, whatever other meanings might also be conveyed; and cities are precise and specific, made one way and not another. Likewise, the space in and around buildings has the status of cultural fact, mutable perhaps, but only to a degree.

Theirs is not an attitude, however, that limits the role of symbolism and social impetus. On the contrary, they believe that urban architecture can be made legible and be held accountable both in its language and function. Their overriding attitude toward urban development values the most appropriate urban-architectural ideas for building rather than the peculiarities of immediate site conditions.

Building as City. Numerous projects by Machado and Silvetti bear out these sentiments. First, there are those that can be grouped under the theme *building as city*, as exemplified in an early project, the Walter Burley Griffin Memorial (1975). On a hill overlooking the Australian capital of Canberra, the proposed building takes its formal organization directly from the geometry of Burley Griffin's plan for the city below. The homage to the original results from a reidealization of the unity in Griffin's city plan, now partially obscured by haphazard, subsequent urban development.

The complex building program for University Center at Carnegie-Mellon University (1987) is disposed to form a virtual city within a nonhierarchical planar grid. A variety of buildings are combined into a single structure, with interior streets and smaller spaces in between. The adoption of a distinct, spatial typology for each building and functional unit further develops the image of a city.

1. Walter Burley Griffin
   Memorial, Canberra
   Australia

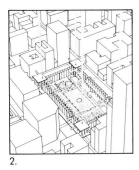

2.

Although the proposal for an addition to the existing cemetery at Polizzi-Generosa in Sicily (1986) does not fit neatly here, it does epitomize Machado and Silvetti's concern for objective precision and clarity in building, as well as a certain urban preoccupation. The upper terrace—consisting of family *colombaria*, administrative offices and a surrounding wall —conforms to a strong orthogonal grid-like plan. In an inspired transformation of a traditional Italian cemetery, a monumental gate in the encircling wall frames a view of the lower-level and the mountains beyond, bringing with it a profound sense of calm and reflection. The burial grounds are further made urban by a street-like passage running through the remainder of the complex.

Outdoor Urban Rooms. A second category of projects is concerned with objectifying space within cities in the form of *outdoor urban rooms*; of these, Pershing Square in Los Angeles (1986) is perhaps the best example. Here an extensive object-garden-building is created by clearly inscribing the boundaries of a city block within continuous arcades and corner pavilions. The idealization of the square's objective boundaries is taken further through a transparent wire grid which runs along the edges of the arcade. The resulting "park-room" commands a strong, immediate sense of place and an expanded sense of being at the center of a business district. The room-like qualities of the square are further reinforced by the garden furnishings within. An earlier project, Pioneer Square in Portland, Oregon (1980), though less pronounced, has many of these same characteristics.

The proposal for Sesquicentennial Park in Houston, Texas (1986), continues this theme of urban room by extending the existing city grid into the site, forming five distinct squares in the manner of adjacent downtown development where single buildings occupy entire blocks. Some of the squares' ingredients are provided, such as the monumental Tower of Houston in Houston Square. In other instances, the framing and objectifying devices of the street grid around the square embrace commonplace items of public infrastructure, like freeway ramps, within the more immediate realm of architectural experience.

Strategic Placements. A third category of projects, what might be called *strategic placements*, profoundly expresses Machado and Silvetti's sympathies toward urban design. Instead of efforts to design or redesign thoroughly significant sections of a city, an attitude prevalent among current urban design orthodoxies, Machado and Silvetti propose discrete urban-architectural projects to create urban realms in place of voids and to clarify and reunite the city in the minds of its citizens. Here, relatively modest interventions go well beyond the immediate confines of particular sites. Linear and point-specific interventions are located in a manner that provides an armature of foci for reappreciating the city as a whole or large portions of it.

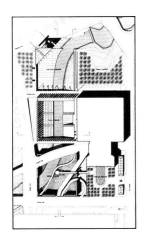

The Steps of Providence, Rhode Island (1978), proposes such an intervention in a circulatory system of stairs, paths, gardens and squares, around which a renovation and expansion of the Rhode Island School of Design is organized. Taking advantage of the hillside topography and the dispersal of buildings on a traditional campus, a line is established that both weaves the school's facilities together and provides the steps as a prominent public amenity. An almost equal emphasis on *public void* and *private solid* further reinforces the dual nature of the enterprise. From the monumental stairs at the base of the hill, leading from Market Square and Providence River, the linear proposal changes character, becoming both more institutional and relaxed in its architectural character.

The reorganization and design of four public squares in Leonforte, Sicily (1983), further the theme of strategically reintegrating and regenerating an existing urban area through relatively modest architectural means. A plan for siting civic monuments and for

3.

2. Pershing Square
   Los Angeles, California

3. Sesquicentennial Park
   Houston, Texas

making public improvements is based upon significant formal characteristics of existing physical conditions, rather than abstract patterns of urban development. The most extraordinary part of the project is the Tower of Leonforte which, both as a viewing platform and as a monument, provides the capacity for reinterpreting the town. Just as the framing arcades of the seventeenth-century Gran Fonte complex on the other side of town tied Leonforte to its agricultural landscape, the new tower provides the architectural means for reuniting the city's disparate twentieth-century urban fabric.

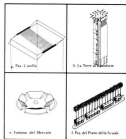

4.

Strategic placements, however, are not always interventions. The Times Square project in New York City (1984), for instance, neither intervenes into the surrounding area nor blocks the crossing of 42 Street. Rather, it is confined to the geometrically anomalous corner at Broadway and Seventh Avenue. A complex of public spaces is proposed at the base of two commercial buildings, interposing a strong civic presence into what would otherwise be a private realm.

The three buildings and two park proposals for the Porta Meridionale project in Palermo, Sicily (1987), extend the idea of strategic placements into the city's outskirts, providing simultaneously an armature for adjacent future development and a special focal point within the metropolitan region. The line of the via Oreto, a major city street, is extended to the base of a nearby mountain and points along it are developed as specific objects. A cloverleaf interchange along with a passing freeway are appropriated and transformed into a city gate. An urban park, the Parco del Maredolce, is proposed with a grid of formal plantings which becomes absorbed into the surrounding pattern of streets and roads. A bus station and administrative building form an edge to the park, and an observation tower terminates the progression at the beginning of a wilderness which extends up the mountainside.

5.

District Making. A final category of projects, *district making*, is explored in the Deep Ellum proposal for Dallas, Texas (1985), where an urban environment with a distinct identity is planned adjacent to the downtown business district. In strong contrast with the neighboring practice of placing massive, singular buildings on specific sites, the emphasis in Deep Ellum is placed on creating an urban fabric. This configuration, combined with high levels of mixed use, is proposed to recover the public life of the city's streets. The project hinges on the objective qualities of the plan and particularly on its structure of circulation and massing. By contrast, the formal organization of the Roosevelt Island housing project, in New York City (1975), relies on strong affinities with the urban block configuration of neighboring Manhattan across the East River, thus extending the city onto the island.

The Sperone harbor front proposal for Palermo, Sicily (1988), is more complex, being concerned both with making a precinct and extending a district. Once again, the objective qualities of nearby city circumstances are organized to link the citizens of Sperone and Palermo back to the sea and to provide a venue for substantial community amenities. In a straightforward yet elegant realignment, a major thoroughfare, the via Messina, which parallels the shoreline, is transformed into a boulevard. And all perpendicular connecting streets are resolved into the boulevard and park beyond, thus providing direct access to Sperone's waterfront. The park precinct itself is designed to accommodate a wide variety of permanent and seasonal activities. The arts and crafts pavilion, the most extraordinary of these designs, is formed by a single courtyard building, emblematic of the merger of city and sea. The Sperone harbor front proposal could also be placed with the strategic placement projects. It could be viewed as a line-and-point scheme, where the via Messina and the park form a line along the edge of the city, and the arts and crafts pavilion constitutes a point intervention, commanding the rest of the park.

4. Four Public Squares
Leonforte, Sicily

5. Deep Ellum
Dallas, Texas

6.

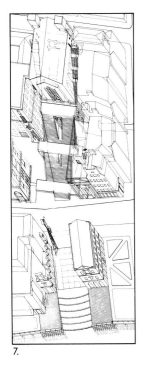

7.

Throughout all of these urban projects, Machado and Silvetti do not distinguish between the realm of architectural fact and the realm of the city itself; for them, they are one and the same. Furthermore, there is nothing instrumentally contingent in their work; nothing remains architecturally unresolved in anticipation of future urban conditions. They thus avoid the fallacy of ascribing indeterminacy to circumstances, when prevailing conditions and ideas about city form already prejudice future outcomes. In their work, they fully specify the objective qualities of the urban realm, while simultaneously suggesting a lack of precision in corresponding social circumstances.

Serving a Social Agenda

Other distinctive features of Machado and Silvetti's urban design work derive directly from their deep appreciation of a city's objective qualities. Prominent among them is a consistent sociocultural orientation to questions about making an appropriate objective urban world where the objects concerned can materially affect the daily lives of citizens and can have distinct cultural meanings.

Machado and Silvetti's urban work is an architecture of the public realm. It is generously civic in its common use of loggias, colonnades, arcades and squares, and it clearly recognizes the rightful place of monumentality in cities. In the end, their work appears to answer the question, where else should one expect to find these essential and ennobling aspects of the human experience?

These qualities of *civitas* and monumentality are used nondeterministically and critically here. The monumentality of the Pershing Square proposal and the public loggia in the Times Square project, for example, mark a public presence and establish a civic backdrop without further behavioral prescriptions. Although people are invited to engage in a variety of activities, the formality of the environment reminds them of their mutual responsibilities and citizenship, rather than simply providing them with an informal social "container."

The Steps of Providence, as they ascend from the river, have many of the same qualities. There is a monumentality to the design of the stairway as it ceremoniously rises and divides, creating a dramatic framework for the flanking buildings. Nonprescribed opportunities for numerous everyday activities and informal social gatherings are also evident. In projects like the Porta Meridionale and the Sperone harbor front, attempts are made to invent spatial conditions for the conduct of civic life, rather than simply accepting established norms. Large urban parks are provided in both projects that respond to the gregarious rituals of the local populace such as evening promenades and weekend picnics. In Machado and Silvetti's scheme for Sperone the concern for cultural ritual goes even further; they propose to revise and accommodate the time-honored ritual of marking the extremities of the city in an annual religious procession. It is through such closure and architectural completeness of a profoundly civic expression that their projects remain socially open-ended and nonprescriptive about a myriad of informal events.

A second public and socially progressive contribution of Machado and Silvetti's urban architecture is the presence of towers, such as those at Leonforte in Sicily and the Sesquicentennial Park in Houston, and the numerous public rooms on the tops of buildings, such as the one at Este in Italy, which appear to provide public habitation in the firmaments as well as on the ground.

These provisions, however, are not simply rhetorical. They are a serious attempt

6. Harbor of the Sperone
   Palermo, Sicily

7. The Steps of Providence
   Rhode Island

to enable ordinary citizens to regain a knowledge of their cities that has become the almost exclusive right of social elites. It is an act of empowerment that makes cities more approachable, visually real and comprehensible. The "crowns" and "hats" that appear on the skyline of much of Machado and Silvetti's work also symbolically assist this public function, rather than hide it discretely behind the curtain walls of buildings. The running track above University Center at Carnegie-Mellon has much the same meaning, and it also establishes a reciprocal connection between the roof and the well-recognized public realm of the street below.

8.

On a more functional level, the programmatic insistence on mixed-use buildings and a nonsingularity of purpose within public spaces provide a third focus to Machado and Silvetti's urban social agenda. Projects concerned with the making of districts, such as the Sperone harbor front and Deep Ellum, propose a diverse mix of uses based on an understanding that such a programmatic arrangement is necessary for viable urban street life. It appears that this type of programmatic decision is arrived at to support the conformation of civic space, rather than through the usual channels of real-estate market analysis. Likewise, the presentation not only of choice but of opportunity in the design of public spaces—like Pershing and Pioneer squares or the loggia, skywalk and roof of the Times Square project—repeatedly add to the program in socially constructive ways.

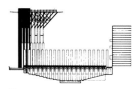

9.

Appreciation and respect for the objective qualities of cities also lead Machado and Silvetti to make contextual responses in their designs, but without historical rhetoric or eclecticism. Wherever possible, they are fundamentally lead by a conservationist attitude that preserves and enhances the city as a perceptible physical entity. Building interventions placed in an existing context, like those at Leonforte or Este, are relatively modest in material terms, yet highly strategic in how they invite a greater sense of public awareness and responsibility for the physical realm of the city.

10.

In a slightly different vein, the Sperone project, by reconnecting a deteriorating neighborhood to the waterfront, not only gives the district a new lease on life but also helps make an important spatial connection that had been temporarily suspended by earlier expedient shoreline developments. The project suggests a certain inevitability or timeless appropriateness to this physical relationship, in spite of functional interruptions. In another way, the virtual gateway formed by the crossing highways on the outskirts of modern Palermo is given figural credibility and architectural permanence by the project for the Porta Meridionale.

The language of Machado and Silvetti's urban architecture also furthers a positive, nonliteral conservationist attitude toward the city. Compositions are invariably rational and contemporary, yet other formal qualities of buildings and public places maintain a beguiling familiarity. A degree of abstraction and rhetorical quietness is present, but a taste for a heterogeneous subtext of local formal references ensures continuity with surrounding or nearby places. The proposal for the University Center at Carnegie-Mellon is telling in both of these regards. The industrial formal language is in keeping with the locale, yet the proposed building complex has a distinctly contemporary presence not found in the immediate references.

Finally, the representational choices of viewpoint, given that many of these projects remain unfulfilled, provide interesting insights into an implied social orientation. Plan making in their urban design presentations is important and well considered, although quite straightforward. Their search for a formal order tends to idealize urban structures or buildings, rather than attempting to recognize or exploit any so-called forces that might coincide with a particular site. There is a generosity to this attitude, one that is concerned with the commodious deployment of well-functioning spaces.

The repeated use of constructed perspective drawings both to explore and to explain

8. Urban District
   Este, Italy

9. Sesquicentennial Park
   Houston, Texas

10. Carnegie-Mellon
    University Center
    Pittsburgh, Pennsylvania

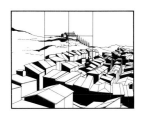

11.

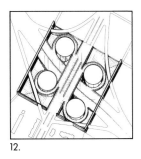

12.

the visual qualities of schemes is also of interest and consistent with Machado and Silvetti's social attitudes. A return of the city to a subject-centered realm, for instance, coincides with their desire to make urban areas less alien. The use of perspective is nonideological, in the sense of man at the center of the universe, and is primarily concerned with the measurement of visual realities. Representations of the Leonforte project, particularly the tower, have been gauged to show what can be seen, rather than to serve some philosophical motive.

Speculative Invention

A final prominent feature of Machado and Silvetti's urban work is their willingness to speculate about new formal possibilities. For them, an inventive capacity is essential to urban design; it is an attitude that derives from a deep interest in the physical conformation of cities. Whenever possible, their work demonstrates a need to bring this physical context into the realm of architecture. Theirs is not a polemical stance, but a way of remaining responsive to design issues raised by modern urban conditions.

The ramp and tower in the proposal for Este, Italy (1984), where both the programmatic alignment and the formal resolution of spaces within the tower are highly unorthodox, serve as an example of this position. In ascending order, a large public loggia occurs at ground level, then a basilica-like room appears, terminating the ramp via a bridge, which is capped by an unprecedented type of design for a garden platform. One of the project's formal tasks is to provide a framework and to help cohere an otherwise ambiguous, incomplete and typically modern urban context.

Although Machado and Silvetti's speculative interests are never simply a matter of rediscovery or reinventing forms, neither are they utopian. They offer no propositions that are in sharp disjunction with current ways of doing things; rather, their progress is firmly grounded in an extrapolation of today's cultural and technical circumstances. To them, technical veracity and material specificity are required in their projects to make them real and believable at the same time.

In the Porta Meridionale project, for example, no attempt is made to propose new forms of transportation systems. Rather, a condition of urban infrastructure that had effectively eluded architectural consideration, namely the freeway, was subject to design considerations beyond the usual engineering appropriateness. Out of this speculation, a highway interchange became a civic monument and palpable gateway to Palermo. Similarly, in the Times Square project, the cantilevered building top extends well out over the street like a giant awning, creating a sense of enclosure and unity for the entire street through its cross section, rather than simply in the building's lower floors. The proposal for Sesquicentennial Park in Houston goes further by offering a frame for the everyday movement of automobiles so that the full cultural impact is immediately realized. The dynamic impulse of ramps sweeps and dives through the space, appearing to be part sculpture and part utilitarian thoroughfare.

Throughout these formal speculations, Machado and Silvetti maintain an optimism that many poorly addressed and unaddressed urban conditions can be responsively treated within an architectural framework. Far from being a wistful progressive impetus, theirs is a deeply held conviction that real civic circumstances can arise from objective speculations.

11. Four Public Squares
Leonforte, Sicily

12. La Porta Meridionale
Palermo, Sicily

Peter G. Rowe
Raymond Garbe Professor of Architecture and Urban Design
Chairman, Department of Urban Planning and Design

Note on the Project Texts

This catalogue presents a selection of projects that display our understanding and approach to buildings for cities. To fully document each of the projects included here, the accompanying texts have been reduced in length from their original formats, but we have maintained the theoretical and conceptual elaborations as well as the terminology appropriate to the polemics of the time. Since most of these texts were produced under different circumstances, involving exhibitions, publications, competitions, actual commissions and so forth, the nature and mode of discourse differ from text to text; we chose to maintain such particularities in the text rather than to seek a common style. Although the texts included here are not the originals, we believe their spirit, content and the flavor of the unique circumstances under which they were created have been preserved. If the reader is interested in reading the original texts, the catalogue contains a selected bibliography on each of the projects.

In the contemporary battle of words versus images in the field of architecture, there is no doubt for us that only the project itself always wins. We do not believe in an architecture that ultimately depends on texts for understanding. Although drawings and models cannot replace the actual experience of architecture, they are still the privileged language through which architects communicate their ideas.

Rodolfo Machado
Adjunct Professor of Architecture and Urban Design
Jorge Silvetti
Professor of Architecture in Design and Design Theory

April 1989

ROOSEVELT ISLAND HOUSING, 1975

Given the historical, cultural and contextual conditions that marked the Roosevelt Island housing competition, our design proposal (see acknowledgments) could not simply answer the program requirements. Most of the proposals reflected attempts to improve upon existing housing, while others outlined plans for cultural or technological utopias. For us the competition was seen as an opportunity to explore a series of questions on the problem of housing. Our design proposal is part of a general reflection on architectural ideology; that is, on the problematic and complex issues of the *production of meaning* in building design and construction that took place in the mid-1970s.

The design of housing, in particular, allowed us to begin studying the problem through the opposition of *architecture* and *housing*; a split which, at that time, the discipline found unsolvable in spite of modern architecture's desire to generate a new architecture from new programs such as housing. After modern architecture's heroic early attempts, housing materialized more as *symbolically neutral construction*, where the dominant emphasis was on aspects of production. This approach led to an impasse where, instead of creating a "new architecture," a dichotomy appeared, allowing for either *architecture* or *housing*. The ideological effect of this latter option was to conceal the symbolic function of architecture and of its specific political determinants. We believed that if the project could operate outside of this false dichotomy, we could help unveil some of the ideological supports that produced such an impasse and help break it. This act of "criticism," through the instrument of the project, is what interested us most in the competition.

The shift in the argument, as seen in the design proposal, was effected by introducing the formal and functional vocabularies that the architecture of New York provides: the wall as epitomized by Park Avenue, the towers and townhouses seen as the city's architectural residential types par excellence, and the streets and avenues utilized as the structuring elements. We consciously produced the design outside of the control of purely architectural codes of the time, subjecting it instead to other determinants and logics to produce meaning.

The design relies chiefly on the formal vocabularies and functional systems furnished by the architecture of the city itself. After accepting the city *as is* and extracting its dominant architectural typologies as the basic elements of our vocabulary, they were subjected to a design process that seeks significance through mutual articulations, overlappings and linkages. For us, this approach represents a novel way of analyzing and interpreting the city, and thus helps us generate unique urban design proposals.

The design operations, therefore, are based on *transcription*, which transfers existing typologies from the city, and *articulation*, in which the types are conceived of as fragments. These fragments receive no special treatment; rather, linkages and points of contact come to play the principal, active role.

The result is a novel housing ensemble where each element remains intelligible yet deeply transformed because of its new, mutual relationship with the others. This strategy, which relies heavily on the material offered by the city and concentrates the design efforts on linkages rather than objects, frees the Roosevelt Island housing project from the tyranny of a single content and opens it to a dispersion of meanings, which is in itself a metaphor for urban life. Housing is thus free to operate symbolically at many social and individual levels.

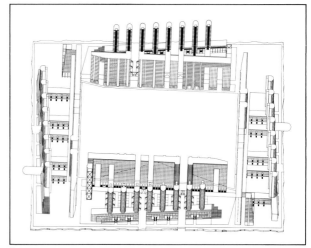

2.

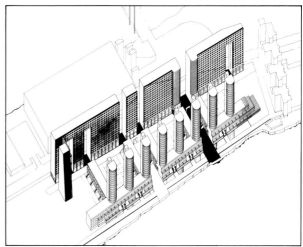

3.

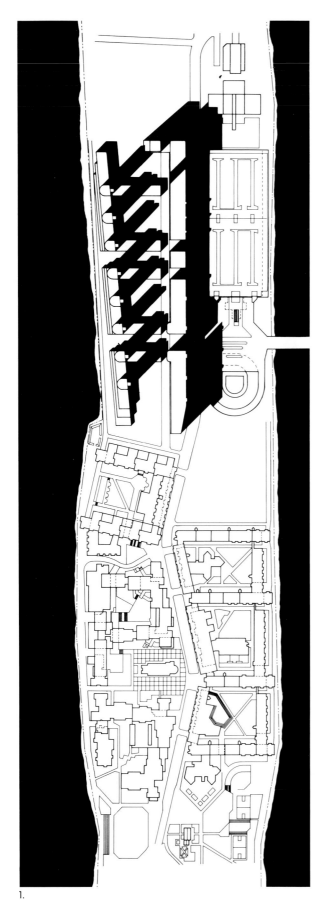

1.

1. Site plan
2. Axonometric projections, four main elevations
3. Axonometric
4–5. Model views

4.

5.

THE STEPS OF PROVIDENCE, 1978
Rhode Island School of Design

The grounds of the Rhode Island School of Design (R.I.S.D.), characterized by a lack of physical definition, differ from many American university campuses in that the school's facilities have evolved among existing structures in the city of Providence, Rhode Island. R.I.S.D. does not enjoy some of the typical features of college campuses, such as a distinctive center or well-defined boundary walls and gates. Through the acquisition of existing buildings —including a bank, church, factories, warehouses, and houses—and the addition of new buildings within typical urban parcels, R.I.S.D. has expanded into the fabric of the oldest part of Providence and contributed to the preservation of the urban qualities of a historic district.

An overriding aim of the Steps of Providence project is to create tangible, positive urban spaces where at present only voids and unused areas are found. Existing open spaces are redesigned to form gardens, squares and circulatory axes, while the project's new structures receive careful consideration within their respective contexts, allowing them to generate new public spaces. The steps serve *functionally*, *expressively*, and *symbolically* as the major thematic element in the design. The steps, in particular, cope with the pervasive problem on R.I.S.D.'s campus of topographical accidents, which at present prevent comfortable connections between most parts of the college campus.

From the bottom of the hill along the bank of the Providence River to the top, where R.I.S.D.'s last building is located, a series of steps tie the school's dislocated structures together. The steps provide a functional circulation path, and they contain the pieces of an urban narrative that unfolds in both directions through a series of controlled architectural elements.

The monumental stairs that start at Market Square near the bottom of the hill bring the qualities of a "grand urban staircase" to the city, while simultaneously serving many purposes from the purely circulatory to the highly ceremonial. The second set of stairs, leading from Frazier Terrace to Waterman Street, diminishes the spectacular aspect of the grand stairs by serving as a transitional element between the monumental, the urbane and the public to the more intimate, institutionally private and garden-like ambience of the areas uphill.

Continuing uphill in the area of the dormitories and refectory, the steps establish an entirely different atmosphere of spaciousness and serenity, acquiring the attributes of a true garden. On the east side, a set of circular steps serves both functionally and formally as an entrance to the campus and as a link between R.I.S.D. and Brown University—a connection that remains unarticulated due primarily to the difficult terrain. A set of wide steps lies adjacent to this entrance piece; the steps spatially define the green, which can be used as an athletic field, and they also serve as bleachers. The last set of stairs at the top of the hill provides an entrance to the Woods-Gerry mansion where classes and major exhibitions take place. This piece exalts both the culmination of a journey and an educational career in the arts. It consolidates the most important ideas of our project into one poetic object.

The major theme of visually and functionally transforming the site into a whole with a unique identity distinguishes the steps as the most powerful feature of the design; at the same time, the project depends on new buildings and renovations to contain the major parts of the program.

R.I.S.D.'s needs suggested a program that is attentive and generous in its attempt to enliven college life as well as to solve the school's functional requirements. With the exception of the new faculty club, most of the new facilities are for student use. This interpretation of the program for the Steps of Providence involves a careful and formal resolution of the project to respond to the special nature of R.I.S.D. with its tradition in design and the expectations of its students.

Throughout the project, therefore, buildings and spaces are designed to be exemplary: to be drawn from and learned from, and to be settings for student work. Thus, the types of buildings, materials, spaces and architectural elements are presented to express their true nature and essences: columns, doors, gates, arcades, galleries, stairs, walls, the dome and the campanile, while complying with their specific functions, are displayed in a continuous exhibition that supports the urban narrative.

When reviewing the Steps of Providence project, the viewer should carefully consider the following issues. First, the implications for architecture, which have been forgotten in the recent past, that planning, land-

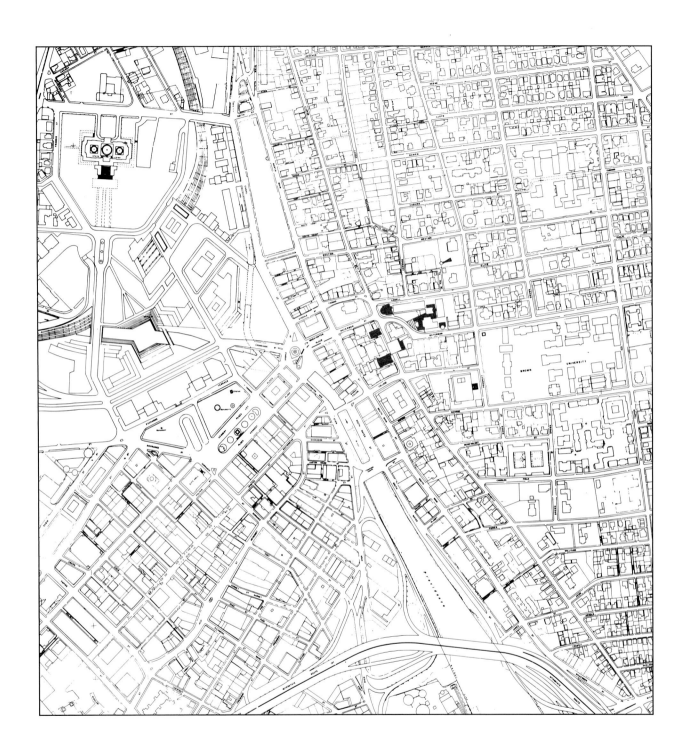

scape and interiors are all specific architectural issues; that they have been reappropriated here; and that the project is both architecture and urban design, which are inseparable.

Next, the project incorporates the possibilities and value of "double action": first, it uses the whole spectrum of architectural ideas, rather than being born out of a restrictive ideology: and second, it attempts to transcend all of this in the hope that a new architectural form might emerge.

And last, the project responds to a serious programmatic requirement: shaping an art school, a place where the issues of beauty, iconographic content, and the relationships among the arts and personal expression are all present in the minds of its inhabitants. A type of imagery is required here that provides both meaningful and dense material for future interpreters as well as solid support for the dreams of young artists.

1. Plan, existing conditions
2. Plan, proposed intervention
3. Perspective, Market Square and Memorial Steps

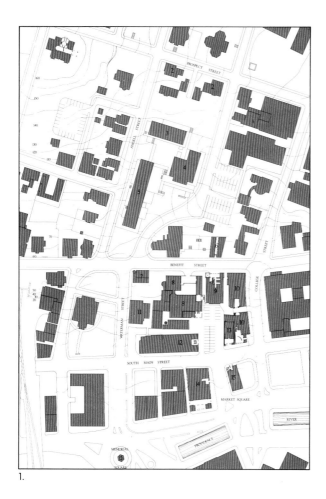

1.

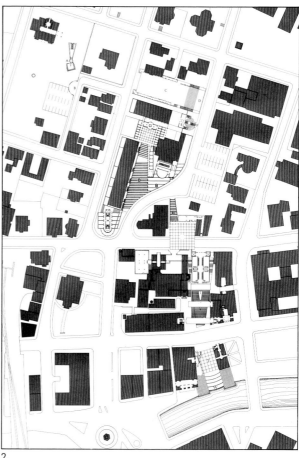

2.

3.

Market Square and Memorial Steps In the design for the renovation of Memorial Hall, the student center, we attempt to resolve the connection between Market Square and Benefit Street, since Memorial Hall now acts as a barrier between R.I.S.D.'s facilities on the river and those uphill. Major additions here include a small auditorium and the grand staircase which will have both circulatory and ceremonial roles. Designs for new fronts to Memorial Hall and to the Museum of Art answer the institution's strong desire to make the museum more accessible to the city and to present a "new face" to the downtown business district.

A dramatic renovation of historic Market Square responds to strong sentiments in the community for the recovery of Providence River, which has almost disappeared under cantilevered parking lots and streets. The first staircase, the river steps, gently rises from the river's edge to meet Market Square, providing the first physical and symbolic connection between R.I.S.D. and Providence.

23

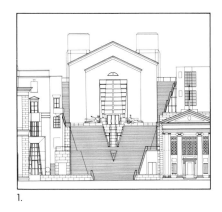

1.

Market Square and Memorial Steps

1. Elevation
2. Plan, existing conditions
3. Plan, proposed intervention
4. Section, Market Square, Memorial Steps
   and Memorial Hall
5. Axonometric, existing conditions
6. Axonometric, proposed intervention

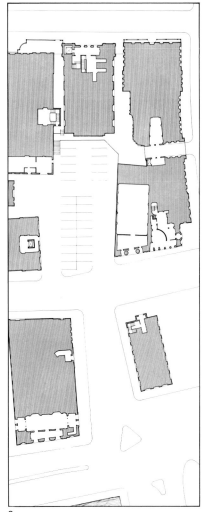

2.

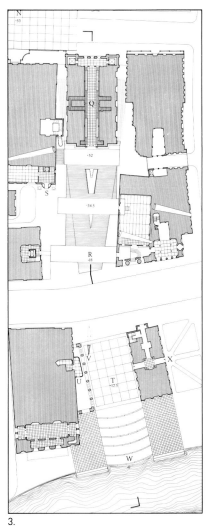

3.

4.

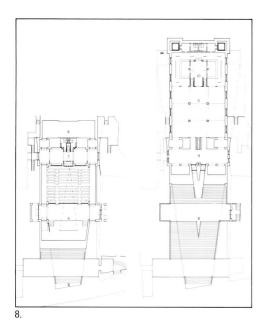

5.

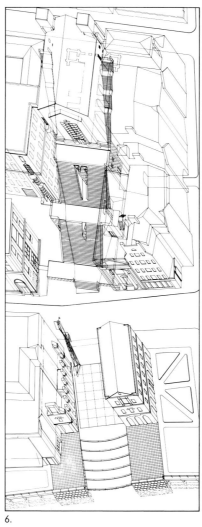

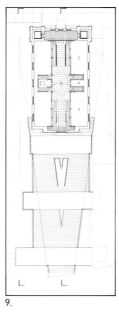

6.

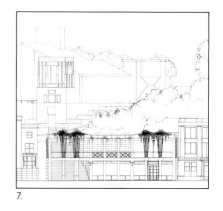

7.

7. Elevation, Frazier Terrace

Memorial Hall
8. Plans, lower level, auditorium and cafeteria
9. Plan, Benefit Street level, arcade and offices
10. Plans, upper level, student lounge and bar

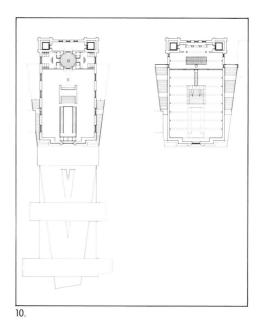

8.

9.

10.

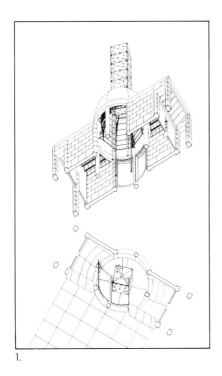

1.

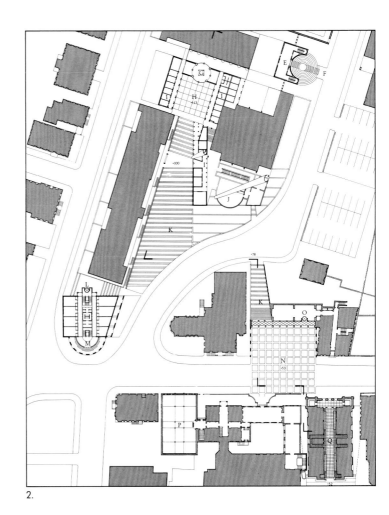

2.

1. Axonometric, campanile and figure
   drawing studio
2. Plan, Frazier Terrace, garden steps and
   studio cloisters
3. Elevation, garden steps and studio
   cloisters
4. Section, Frazier Terrace, garden steps and
   studio cloisters

Dormitory and Faculty Club

5. Plan, first level, dormitory
6. Plan, seventh floor, faculty club, lower level
7. Plan, eighth floor, faculty club, upper level
8. Perspective, garden steps and studio
   cloisters
9. Perspective, Frazier Terrace

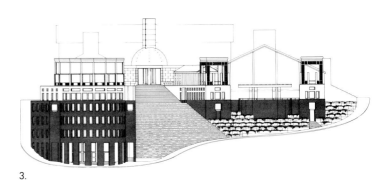

3.

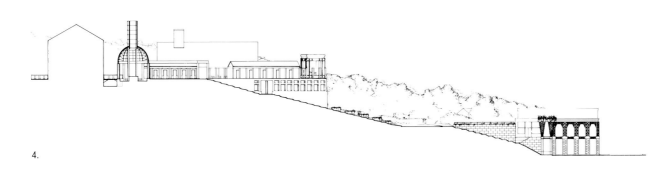

4.

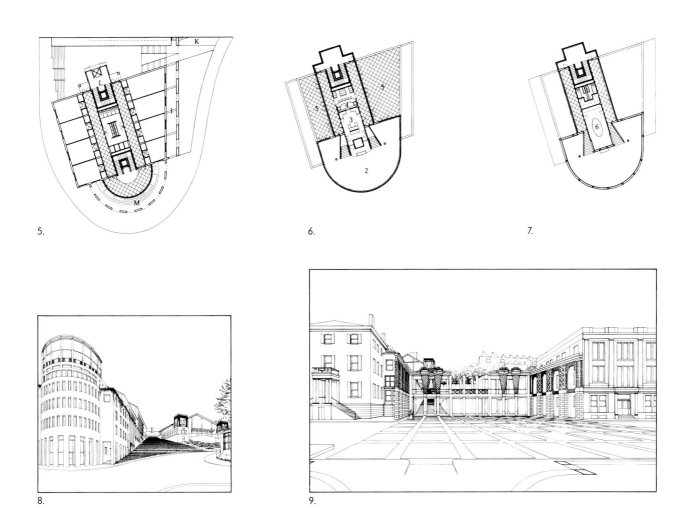

5.

6.

7.

8.

9.

Frazier Terrace The expansion of the photography department, including a new classroom and exhibition gallery, allows for the transformation of existing Frazier Terrace into an urban square that serves as a collector for major circulatory axes intersecting on Benefit Street. As an urban space, with a scale appropriate to the domestic quality of the street, it serves as a counterpoint to the more ceremonial steps in the Market Square area. The new addition to the R.I.S.D. Museum of Fine Arts completes the alignment of the buildings on the block. In this square, nature mixes with urban features as an introduction to the gardens above.

The Refectory and Dormitories The garden steps are framed by the addition of new dormitories, facilities for the student photography club, a terrace for the refectory, and a series of senior studios, culminating with the cloister that surrounds the dome. The new dormitories provide accommodations for seniors, graduates and visiting faculty; and at the top they house the double-height faculty club with a view of Providence.

       The design for the dome has a strong symbolic intent as the location for the freshman drawing studio, a course required of all freshmen students where they learn to draw from models and get acquainted with each other. Placing this studio at the center of the campus synthesizes the spirit of the institution in the design. The area of the garden steps becomes a center where the whole R.I.S.D. community converges, helping to integrate the institution and solving programmatic deficiencies in the current facilities.

1.

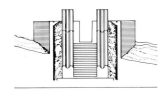

2.

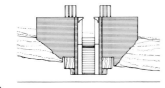

3.

The Green and Woods-Gerry steps

1. Plan
2. Section
3. Elevation
4. Perspective
   swimming pool
5. Section
6. Axonometric

4.

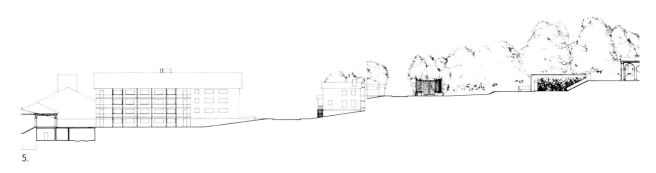

5.

6.

The Green and Woods-Gerry Mansion The green is currently a gentle grass lawn where casual outdoor activities take place. Taking advantage of the terrain, the design for the indoor swimming pool is placed half underground in relation to the green, creating a comfortable set of steps on its roof which serve as bleachers and solarium as well as shaping the green's border.

The design for the gate to the Woods-Gerry mansion resolves the present awkward rear entrance to the mansion. With program requirements to provide only for vertical circulation, the final set of steps is presented as a stair-object, a found art object and a garden room which marks the end of the students' journey and the summary of their education as well as synthesizes the major formal, functional and symbolic elements of the project.

PIONEER COURTHOUSE SQUARE, 1980

The city of Portland planned to construct an important public square on an existing site near the courthouse in the downtown district. The design proposal (see acknowledgments) identifies several strong features in this physical context: the orthogonal, small-size square grid of downtown Portland; the "room-like" configuration of the site with its void shaped by the surrounding high-wall buildings; the object-like classical nature of Pioneer Courthouse with its frontality and axiality, which visually bisects the site; and the site's topography, a flat square that slopes diagonally 9 feet (2.7 meters) from the corner of Broadway and Yamhill Streets.

The design proposes to create an exemplary American urban public place that exhibits the following characteristics: *flexibility*, a space that can accommodate many uses as well as accept future physical changes without loosing its distinctiveness; *legibility*, one that speaks a commonly understood language and conveys an ambience appropriate for a variety of public functions; and *durability*, a place beyond current fashions, one that is calm and aesthetically enduring. The design respects and enhances the site's physical features, producing a square that works symbolically as well as functionally.

Working with these ideas and goals, the design develops within the city's orthogonal grid, divided into 40-by-40 feet (12.2-by-12.2 meters) squares established by the dimensions and the location of Pioneer Courthouse. The concept succeeds in strengthening the presence of the courthouse by acknowledging its frontality and responding to its axiality, and by placing a greenhouse at the opposite end of the square which balances the courthouse's position within the site. The greenhouse features a central, open gateway, which has a strong architectural rapport with the courthouse across the square, thus removing the quality of indifference that dominates the existing Broadway Street frontage on the site.

By placing the greenhouse at the far end of the square, three goals are achieved: first, the largest area possible is allocated to the square proper; second, the building alignment along Broadway is completed; and third, the location of the greenhouse allows for an experientially enlarged square with Pioneer Courthouse clearly seen as one of its parts.

To reinforce the design's appropriation of this space, four tall flagpoles together with search lights for special events are placed at the corners of the enlarged square which is then inhabited by a pair of major objects —the courthouse and the greenhouse—both sharing a common ground: one institutional, the other festive; one opaque, the other transparent, one constructed in granite, the other in glass. As a result of these choices, Pioneer Square is tied to the Fifth Avenue mall, an effect that yields clarity of organization and generosity of scale to Portland's downtown district.

The design proposal has three principal elements: the square, the greenhouse and a variety of minor pieces. The square itself is a public arena, suitable for open-air exhibits, and a stage in itself. It also serves as seating for performances on a more formal stage formed by the open passageway through the greenhouse.

The greenhouse is an open building with multiple entrances found at the lower and upper levels, in the center and at the ends. Passersby can walk through the tree-lined space within the greenhouse or buy tickets to view exhibitions on its upper level. The greenhouse's peripheral arcades offer refuge from the weather, while balconies and benches overlooking the square provide places for rest and observation.

The smaller pieces—some complementary to the greenhouse, others with a life of their own—are typical park and square structures such as fountains and pergolas. The pieces include a covered shelter on the corner of Fifth Avenue with an information booth and a bus stop; a promenade overlooking Yamhill Street with rows of planters, benches and cypress trees; a rose garden along Morrison Street; and a set of elliptical steps descending into the building at the corner of Broadway and Morrison Street, which could serve as a small open theater.

The design for the square is of a dual nature—both quotidian and ceremonial, serving solitary users and groups—generated by overlaying a *civic axis*, which is linear, symmetrical and monumental, with *casual paths*, which are nonlinear and asymmetrical, individual yet belonging to everyone, that provide a variety of focal points.

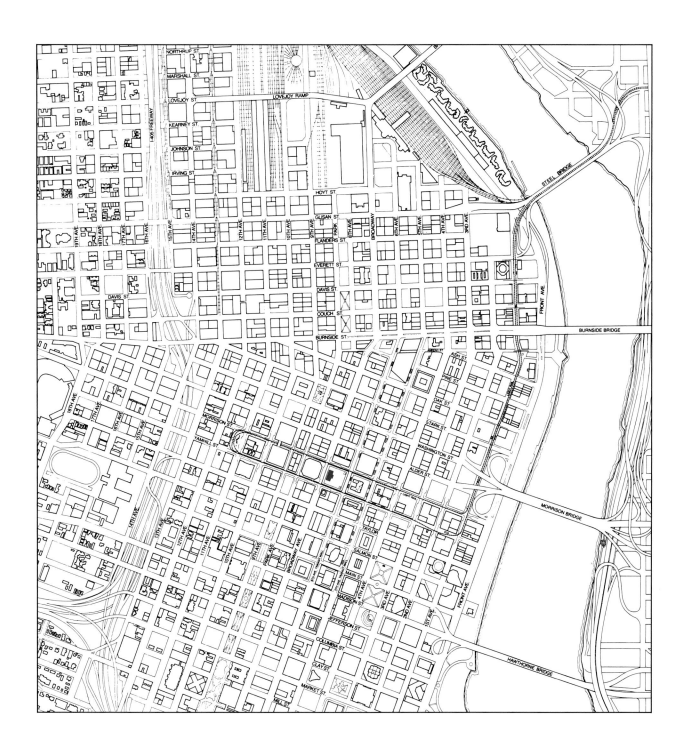

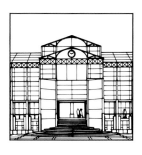

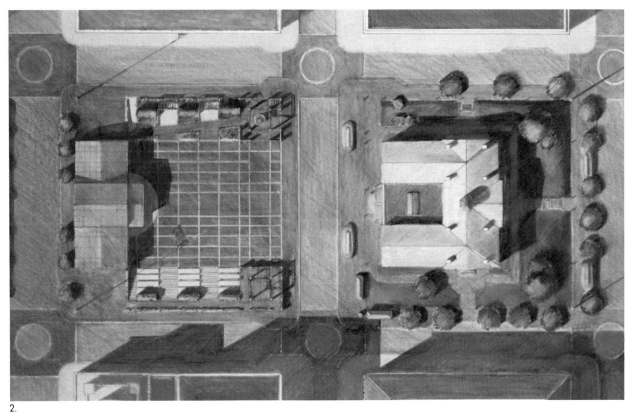

1.

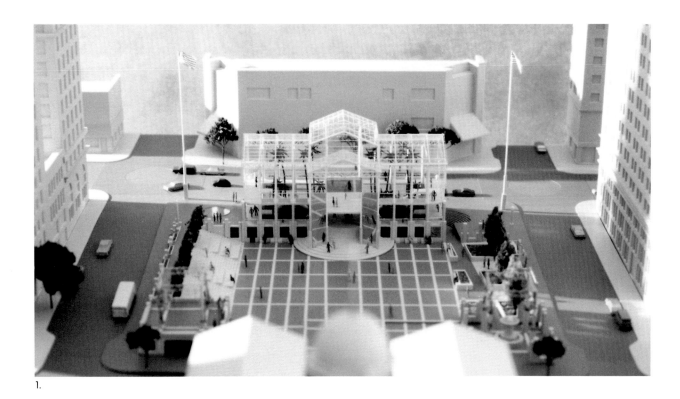

2.

1. Model view
2. Site plan

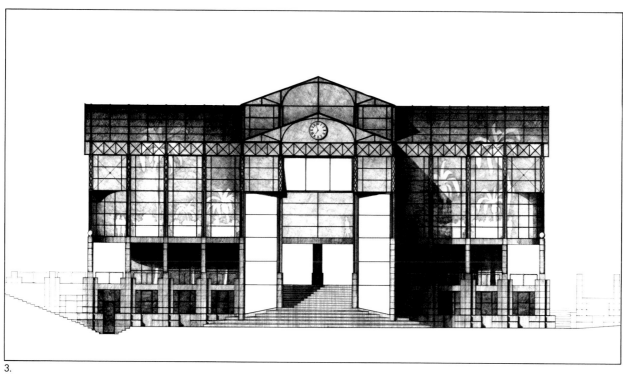

3.

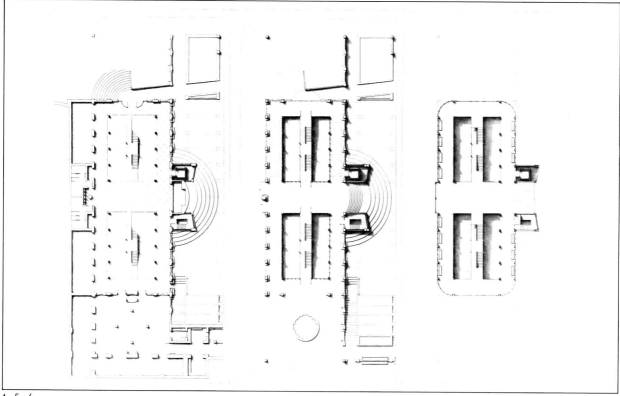

4., 5., 6.

Greenhouse

3. West elevation
4. Plan, lower level, restaurant and retail space
5. Plan, main level, passageway
6. Plan, upper level, exhibition area

FOUR PUBLIC SQUARES, 1983

Leonforte is a paradigmatic seventeenth-century Mediterranean town that displays remarkable urbanistic ideas and reflects the humanist concerns behind its first layout in 1610. Structured on a linear axis that corresponds to a natural valley, it is anthropomorphic in its tripartite organization: the *head* includes the palazzo, piazza, stables, and cathedral; the *umbilicus*, the Piazza Margherita; and the *feet*, the gate to Catania. These three characteristic points along an axis are determined by golden section ratios. Toward the west, the old city overlooks its own agricultural valley, a gate and an ancient road to Palermo. Toward the east, the old city walls and a gate opened on the *piano della scuola*, the equestrian school's fields, and the road to Catania.

Leonforte prospered over the years with its abundant natural water, and its founder, the humanist Prince Branciforte, made water a theme of the town and built its most memorable monument, La Gran Fonte, and one of the first botanical gardens adjacent to it. The Gran Fonte is a complex, monumental artifact that acts as a public fountain with 22 continuously running spouts, as a drinking trough for animals, as an optical device with 22 windows to observe the valley and the cities beyond, and as the first monument encountered by visitors entering the city from the gate to Palermo. These unusual functional juxtapositions of providing water, of viewing, framing and organizing the landscape, and of being a symbol of the city, become important aspects in the design proposal.

During the past two centuries, Leonforte grew beyond its walls, establishing several unstructured public open spaces left over from the equestrian school that are of concern in this project. Leonforte's modern expansion followed an indifferent planning strategy, resulting in the shift of activities and services to new areas where a new center developed, allowing the historic center to decay.

The city's program requirements called for the reorganization and redesign of four existing public spaces, specifying only that all important civic and recreational gatherings take place in the major square. The program pointed out that the weekly produce market will continue to take place in the piazza adjacent to the church of San Francesco, but that it required no permanent structure. It also suggested that the design include an outdoor space for the performing arts.

The design (see acknowledgments) proposes a modest intervention in the modern expansion that would begin the process of reintegrating and regenerating the city's old center. Rather than follow an analysis concerned with abstract operations on a two-dimensional pattern, we elaborated and structured a plan based on an analysis of significant sight lines as well as of the town's existing architectural and urban attributes. A network of interrelated axes and nodes is proposed that constitutes the armature for the project.

An analysis of the typology of the city's architecture provides guidelines for the figurative choices made for the architecture of the four piazzas. The simplest and most memorable forms that inform the symbolic and iconographic program of Leonforte are the *square* (cube), as seen in the Palazzo Branciforte; the *rectangle* (prism), the Piazza Branciforte and stables; and the *circle* (cylinder), the Piazza del Margherita.

In twentieth-century Leonforte, these forms are reintroduced in the proposed intervention as counterpoints to existing forms; they can be seen as volumes built out of red granite for the new Piazza Carella, the Piazza del Piano della Scuola, and the Piazza del Mercato Nuovo. Emerging as three-dimensional figures from the ground, the new forms reveal a substratum of water that reestablishes in Leonforte's modern sector the presence of the town's once most important resource.

Iconographically, the long circus-like Piazza del Piano della Scuola is dedicated to the town's equestrian traditions, and statues of horses orient passersby to important urban nodes. The new market piazza is a reenactment, in both function and form, of the old Piazza del Mercato with its round fountain anchoring the weekly market. In the Piazza Carella, Leonforte's most important and representative gathering place, the idea of public space is monumentalized in the emerging red granite cube; its precise disposition is generated by the area's only facade (Palazzo Carella) able to structure such a public space.

1.

1. Plan, historic center
   a. Gran Fonte
   b. Palazzo Branciforte
   c. Piazza
   d. Stables
   e. Cathedral
   f. Piazza Margherita

2. Gran Fonte
3. Site plan, proposed intervention

2.

Generative analysis diagrams

a. Intersection of two structuring axes

b. Generation of public squares from the architecture of Piazza Carella and Church of the Annunziata

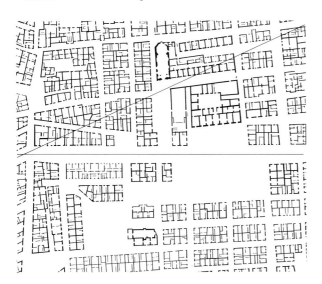

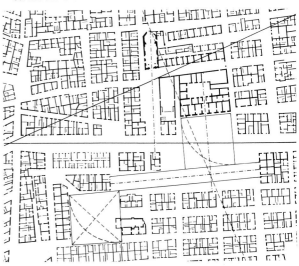

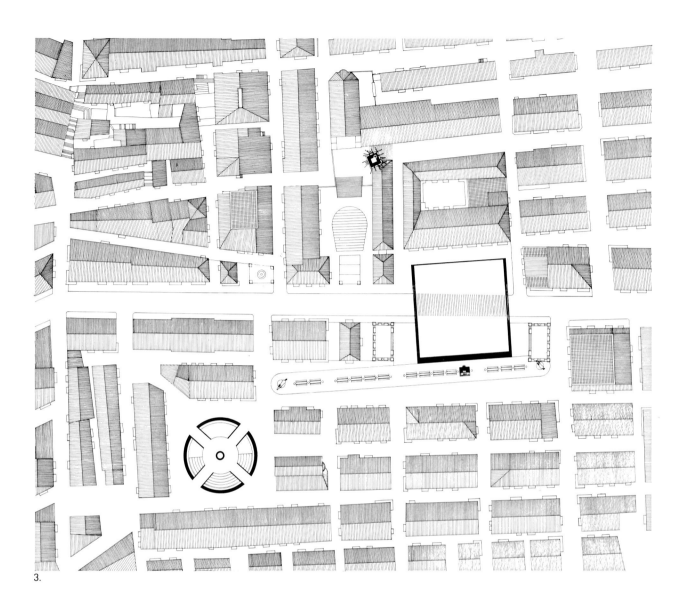

3.

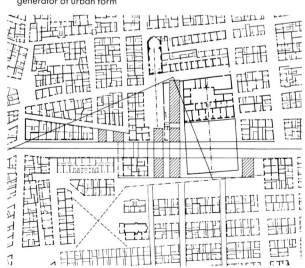

c. Dimensions and rhythms of existing building typology as generator of urban form

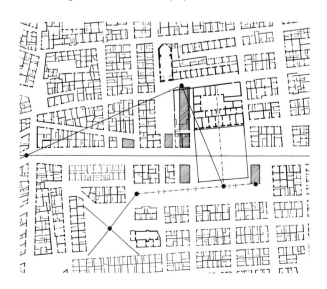

d. Structuring armature and nodes of proposed intervention

1.

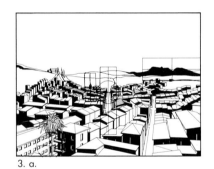
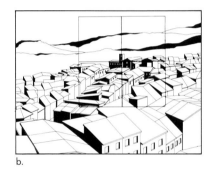
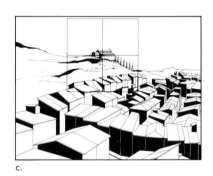

3. a.   b.   c.

4. a.   b.   c.

1. General sections, existing conditions
2. General sections, proposed intervention

Tower of Leonforte
3. Views of specific urban events from tower
   viewing devices
4. Views of tower from corresponding urban
   events

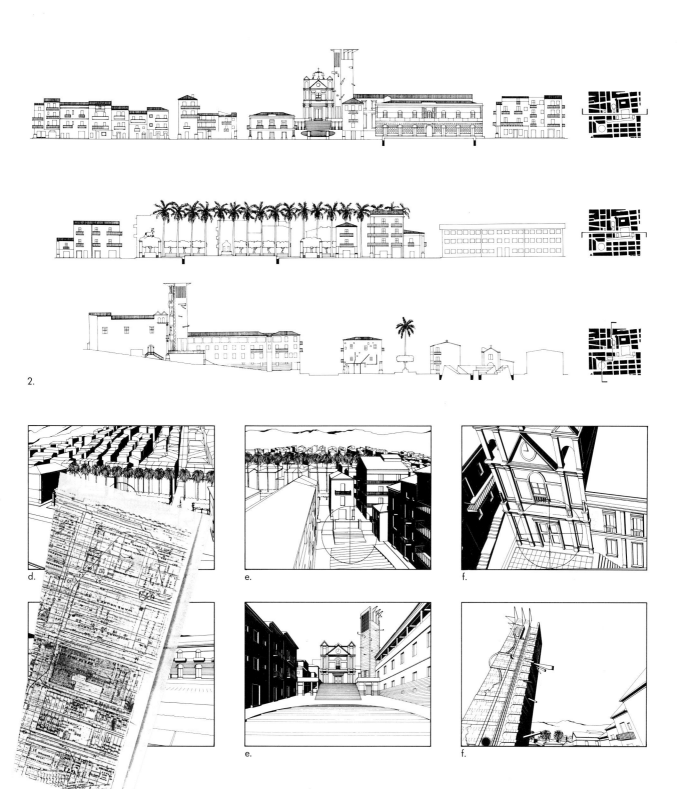

2.

d.

e.

f.

e.

f.

The [...] [...]forte The project's most distinctive architectural element, the Tower of Leonforte, is located in an important node next to the church of the Annunziata where the main axis of the old city and a perpendicular axis from the new Piazza Carella converge. Due to its precise location and configuration, the tower *reinvents* Leonforte: first, by being a new monument with extraordinary attributes, visible from key points throughout the city; and second, by being a complex and multifunctional artifact from which the city can be known again and reassembled in the viewer's mind. Serving as a counterpoint to the Gran Fonte, which appears as a city wall, this new monument is presented as an unexpected building type, the tower.

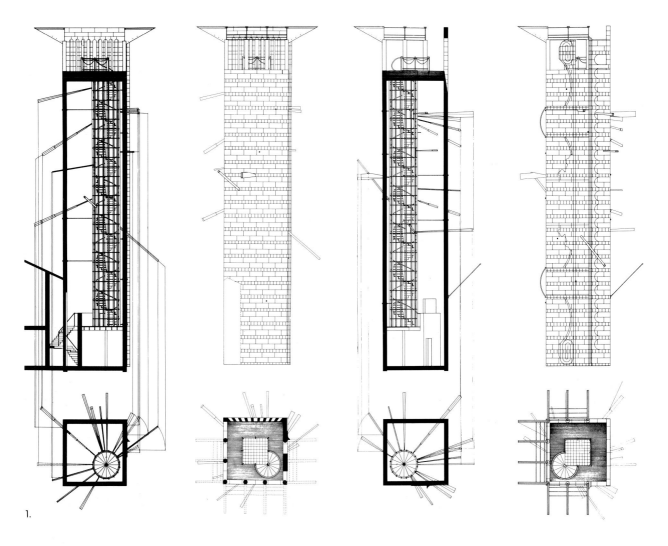

1.

Tower of Leonforte
1. Plans, sections and elevations
2–5. Model views

The architecture of the tower is concerned with *quantity* and *dimension*. With its program devoted to being a *monument*, the tower's architecture has to be typologically clear and to display some extraordinary quality. It is this "extra" that poses the quantitative question, which is answered by following the internal logic of the building type: If the physical attribute of a tower is that of displaying dominance of the vertical dimension over the horizontal, its functional attribute is to provide a unique viewpoint at an unexpected location. Thus, the Tower of Leonforte becomes extraordinary by exaggerating its characteristic function and by producing its effects in *excess*. As one ascends the stairs, telescopes and viewing devices pierce the walls and focus the view on specific events of the town. While the Gran Fonte performed the added task of relating the town to the agricultural valley by framing the landscape, the tower reunites a dislocated, twentieth-century Leonforte by bringing together its most important monuments and urban events. Arriving at the tower's summit, the visitor emerges upon an "island" surrounded by water filling the built-in fountain to the rim which, at rare times, may spill over the tower's main facade. Constructed of local tufo stone and corten steel, the tower is designed according to the laws of optics and perspective, and it can accept additional viewing devices as along as new monuments or memorable urban events are built or recognized in Leonforte. The tower is 24.6 meters (81 feet) high, the exact length of the Gran Fonte, a fact that is recorded with an engraving of the Gran Fonte's facade traced on the tower's least public surface.

2.

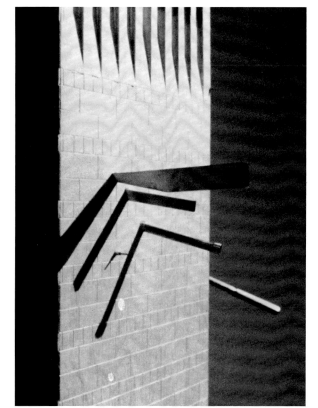

3.

4.

5.

TIMES SQUARE TOWER, 1984

Standing at the intersection of Broadway and Seventh Avenue in New York City, the Times Square Tower project proposes a pair of buildings connected by a bridge across 42 Street. Located on a culturally active and geometrically anomalous site conducive to the making of architecture, the project does not intervene into the surrounding city fabric formed by Manhattan's grid. Rather, it is an undeformed object-building on axis with the bisecting line of the angle formed by the intersection of Broadway and Seventh Avenue. Its large size, relative to the void it occupies, gives it an ambiguous figural nature. The design does not belong to a clearly recognizable architectural type, such as a skyscraper; rather, it is an assemblage of old and new types, embodying an attitude that is both contemporary and culturally rooted instead of historicist and utopian.

A triangular public room occupies the ground level which is surrounded by columns 60 feet (18.3 meters) high and six feet (1.8 meters) in diameter. This design forms a covered plaza of metropolitan proportions, with a coffered ceiling and a stone floor raised one foot (one-third meter) above the sidewalk. The space extends visually across 42 Street to a loggia which provides access to the subway and to an arcade with shops and elevator lobbies. A 20-story mixed-use tower rises above the plaza; at the top, a 30 foot (9.1 meters) high commercial space overlooks the city. The tower is reached by a bridge designed as a three-story gallery connected to the arcade. The bridge allows for the construction of leasable space above the plaza without the interference and privatization produced by the landing of the circulation core. Thus the bridge is not intended to expand or to generate a secondary system of pedestrian circulation.

The design proposes to roof over the city streets—not over the sidewalks, but over the car lanes—providing a place of great urban density for which no responsive architecture has yet evolved. This exceedingly high "ceiling," which is 20 stories above ground—imagined as wings, crown, cornice, halo or cloud—is visible from considerable distances along the avenues and streets below. Its plane defines the place, becoming an illuminated marquee for the human drama below.

An unprecedented building configuration is proposed here, one that demonstrates a way of organizing space with formal clarity and potential durability. If it were adopted, repeated and transformed in a variety of contexts, this configuration could become a new architectural typology. Consistent with what we call a *critical acceptance*, yet fearless of contradictions, the Times Square Tower project accepts the current conventions of architectural language and the existing technological means of construction.

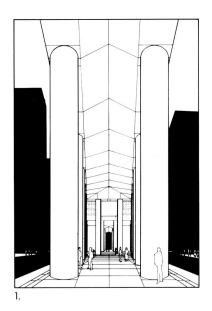

1.

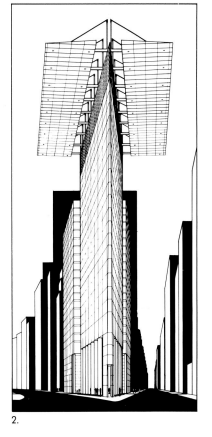

2.

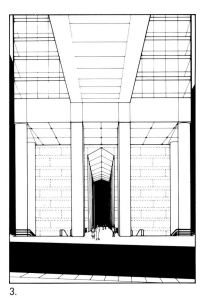

3.

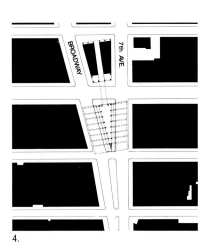

4.

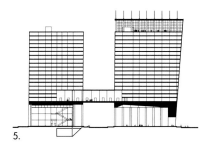

5.

6.

Perspectives

1. Covered plaza toward arcade
2. Tower
3. Loggia, access to subway and arcade
4. Site plan
5. Longitudinal section
6. Axonometric
7. Model view

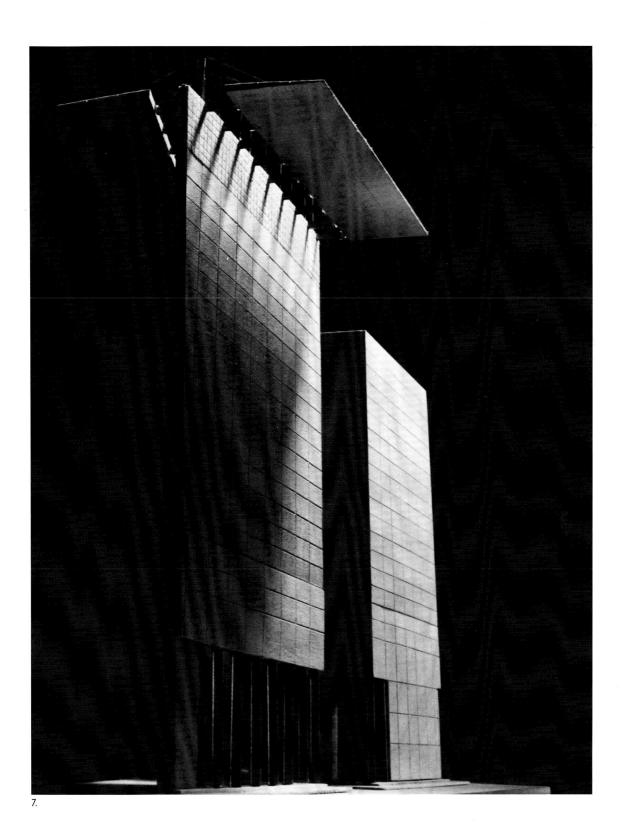

7.

URBAN DISTRICT, 1984

Among the ten sites considered by participants (see acknowledgments) in the Biennale di Venezia, the site in Este was chosen for several reasons: it is an empty site, and there is something realistic about designing for empty sites; it is an urban site, and we are interested in civic architecture; it is historically unimportant, in comparison to the other sites; and the site is not overly determined by surrounding conditions, thus it becomes somewhat ambiguous and open to interpretation. Finally, there is something modern about its incompletion and fresh about its lack of formality. In the end, Este was chosen as a site because it allows for and needs some invention.

The proposal offers a realistic urban program, including housing, a parking garage, a public swimming pool, a municipal office building, a commons area and a monument. The monument is a complex piece that contains three major parts: an access ramp, a staircase building and the tower itself. The tower, in turn, results from combining three major types of public spaces in ascending order: a loggia, a basilica-like room and a garden. The loggia and the room are orthodox renditions of types found in the region. The garden, however, is highly unorthodox in that it does not belong to any known type of garden. The syntactic relation among the three parts is unprecedented, as is the tower itself.

The garden has an iconographic program that memorializes and pays homage to the *centuriato Romano*, a system of partitions and proportions used by Roman surveyors to organize nature and to "architecturalize" the landscape. The plane of steel beams that forms the garden appears to float on air and reifies the geometric ordering of Rome. Parterres planted with wheat fill the garden surface between the beams, becoming new fields high above Este which should generate new customs associated with a new, ungrounded ground plane. A bronze sculpture, an enlarged version of the basic tool used by Roman land surveyors, stands at the garden's center. The garden is oriented north and south at the height of the low hills north of Este with which it establishes a silent rapport of opposite presences.

The design generates an effect that we call *unprecedented realism*, which is a *critical operation* concerned with demonstrating that a built reality *other* than the existing one is *possible*. The design is concerned with producing *heterotopic conditions*, as a critique of the dominance of formal unity, and with a technique for plan making that is not classical. It is a plan that neither produces urban tissue in a traditional sense, nor aspires to total control of the site. Rather, object buildings exist by themselves in direct, complex annexations.

The descriptive, realistic drawings produced for the project are intended to convince the viewer that what has been imagined can be made concrete and tangible. Finally, the drawings are offered as instigators, precedent setters for others who may design in this mode of unprecedented realism. The project is a product of a passion for architecture, for its poetic nature and its critical power, producing conditions, we believe, that should emanate from the work and touch the viewer.

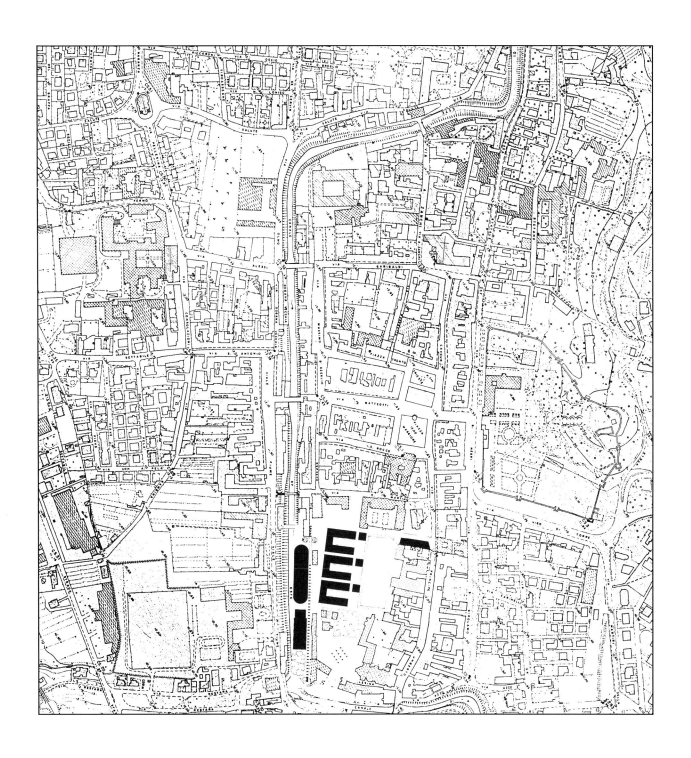

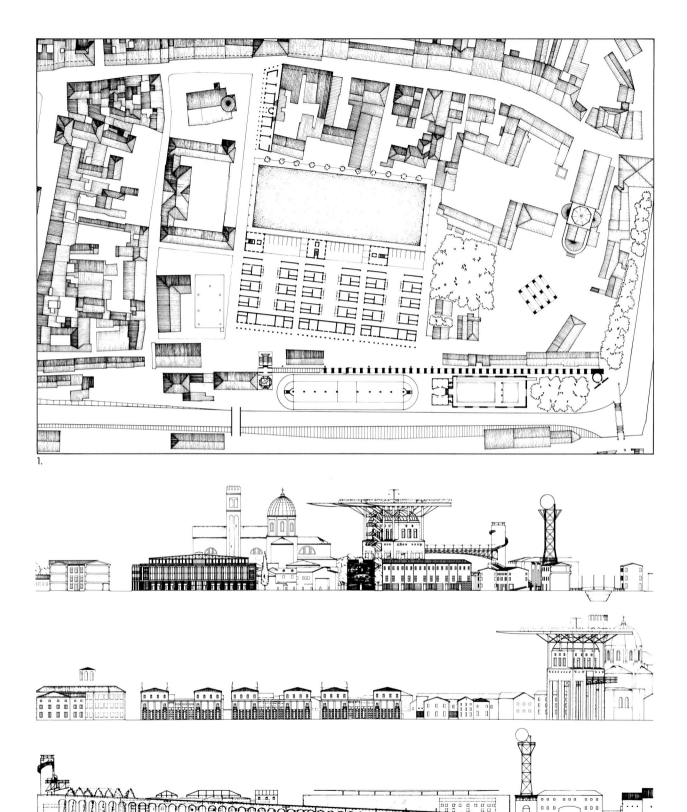

1. Site plan
2. General sections

3.

4.

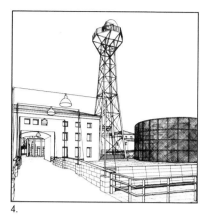
5.

6.

7.

8.

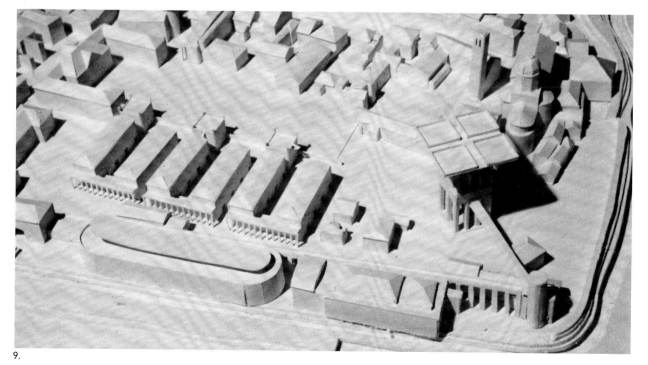
9.

Perspectives

3. Street by tax office
4. Entryway over canal
5. Fountain tower
6. Housing and access to ramp

7. Ramp, natatorium and parking structure
8. Ramp

9. Model view

1.

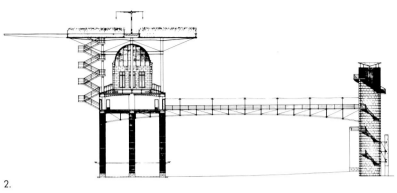

2.

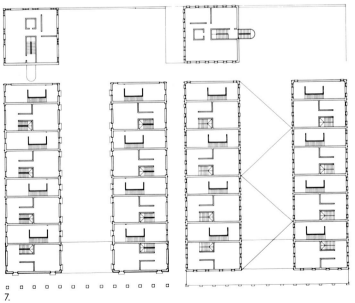

3.

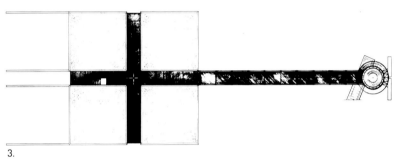

4.

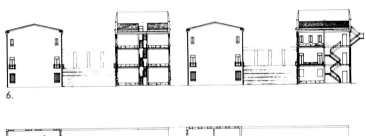

5.

6.

7.

Tower
1. View
2. Section
3. Roof plan

Housing
4. Courtyard view
5. View of space between buildings
6. Sections
7. Plans, ground floor and first floor

8.

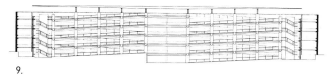

9.

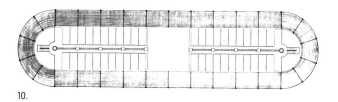

10.

11.

12.

13.

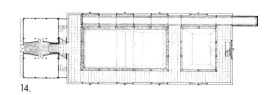

14.

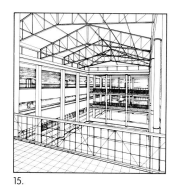

15.

16.

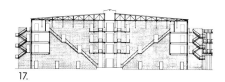

17.

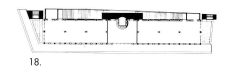

18.

19.

Parking
8. Cross section
9. Longitudinal section
10. Typical floor plan
11. Interior view

Natatorium
12. Entrance elevation
13. Longitudinal section
14. Plan
15. Interior view

Tax office
16. Side elevation
17. Longitudinal section
18. Floor plan
19. Atrium view

DEEP ELLUM, 1985

Deep Ellum, a district adjacent to downtown Dallas, has remained undeveloped due partly to a major freeway that separates the area from the most developed part of the city. This project consists of a master plan for Deep Ellum (see acknowledgments) and a design of one sector which constitutes the first phase of development. Deep Ellum is similar to areas found in other American cities, for example, the Folsom area in San Francisco, that have become areas for the expansion of central business districts in the 1980s. The master plan attempts to maintain some of the uniqueness of Deep Ellum's existing conditions such as low-rise buildings serving mixed uses; to intensify the area's positive characteristics such as its pedestrian nature; and to add new elements such as public spaces. The result would be a unique district of mixed-use retail, residential and light manufacturing buildings. The design emphasizes residential development, structured by a dense network of pedestrian and vehicular streets, alleys, covered gallerias and public squares shaped into smaller blocks, thus increasing choices for movement in the area.

Deep Ellum's most challenging design issues are generated by the contradictions that exist between the image proposed in the master plan and the developer's partial control over the site—a situation with an unmistakably American-flavored urban condition. Unlike public urban developments in most European settings, where the city or state ameliorates such contradictions via expropriation, eminent domain, and so forth, here the developer can only partially intervene, seeking agreements with third parties and hoping to acquire more control over the site by acquiring more real estate. Paradoxically, this "imperfection" in the system constitutes a virtue for our design, since the existing conditions deviate from the assumptions of the master plan, thus allowing us to avoid the inevitable homogeneity that such plans produce when realized without alterations. The master plan thus becomes more of a statistical, zoning and legal device rather than a physical design guideline.

In our design of sector B, the ordering principles of the master plan call for a pedestrian extension of Henry Street via a covered public galleria that cuts through an existing block, defined and shaped by built-up edges. This approach could not be achieved, however, because an existing structure abutting the proposed corridor was not available, thus making the completion of the galleria wall and gate impossible. The alternatives were either to reorient the galleria at an angle so that its solid sides would fall within the property boundaries, or to deal directly with this unforeseen contingency; our design follows the latter approach. Although it was tempting to operate with a rotation of the axis and a distortion of the perspective was urbanistically promising, we believe the extension of the street through the block, as the first move to trigger the Deep Ellum development, must contain the clearest urban and architectural indications and should be exemplar. Moreover, we believe that this problem should be resolved by architectural means rather than altering the urbanistic guidelines. Therefore, the corridor is placed and works, *sui generis*, throughout the project.

For the first segment, from Main Street to the service alley, the galleria is dealt with as a void contained by housing, office and retail buildings. Along this length, the galleria's light metal roof is independent of the buildings and is partially open to the sky. The second segment—from the alley to Elm Street—serves as a counterpoint. Since it cannot control the edges, the gallery occurs as a void that results from "lifting" the mass of the building, a slab highrise. This is a building type produced by merging the square footage proposed in the two flanking towers prescribed in the master plan, but now not buildable because of the unavailable piece of real state. Although the dimensions and section of the galleria are the same throughout, the two segments provide two different spatial conditions: one results from a horizontal displacement of volumes, the other from a vertical displacement. The reciprocity between solids and voids is emphasized by the open slot in the roof which allows passersby to see the sky and the imposing mass of the slab building, with its tilted plane reflecting the length of newly formed Henry Street. This approach allows the street to become more articulated and varied than expected and to establish a more urbanistically appropriate open sequence, rather than the closed composition proposed in the master plan.

Finally, the introduction of the lifted slab in an unorthodox position—in the middle of a fully built urban block and perpendicular to the street—represents an elaboration and a test of our investigations and concerns about the *emerging typologies* for the American city, with their procedural, programmatic and formal distancing from European models and the neoclassical city, and of our commitment to an aesthetic-pragmatic design strategy of *unprecedented realism* for the architecture of cities of the late twentieth century.

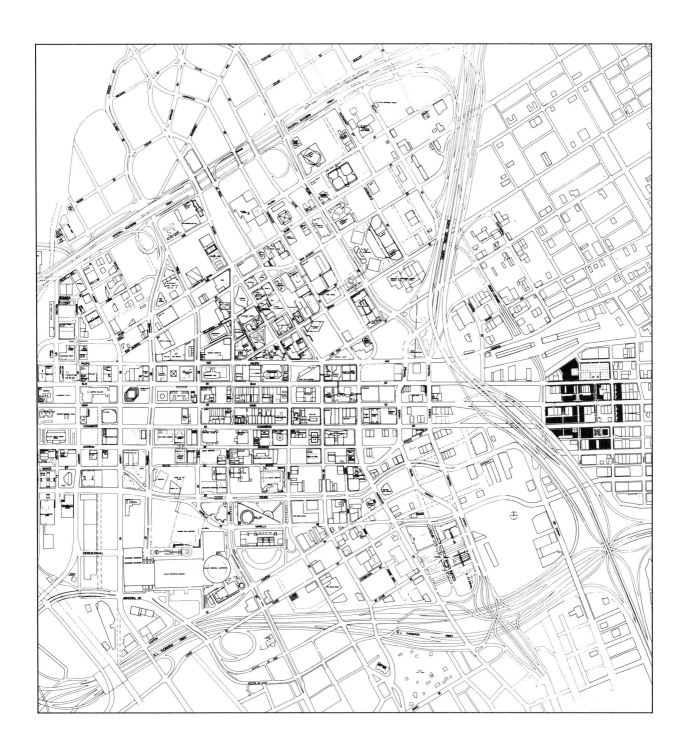

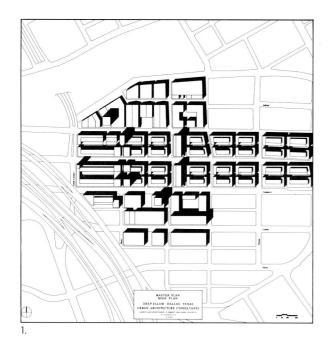

1.

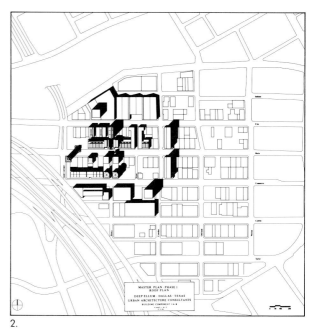

2.

3.

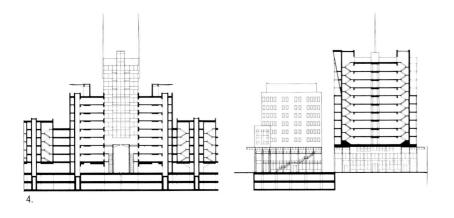

4.

5.

1. Master plan

First phase of development
2. Roof plan
3. Model view

Sector B
4. Sections
5. Perspective, public galleria
6. Plan, penthouse and highrise apartments
7. Plan, ground floor
8. Axonometric, generative diagram

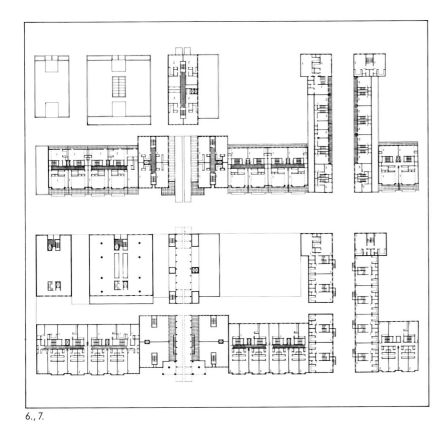

6., 7.

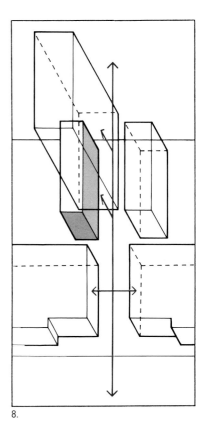

8.

PERSHING SQUARE, 1986

A proposal for an urban square in a dense highrise district, this project presents an understanding of the square as object, garden and building. The design is clearly defined by four arcades anchored by four corner pavilions with strong, transparent and idealized green edges. The arcades are built of 50 feet (15.2 meters) high steel columns resting on a grade-beam foundation system. A six-inch-square wire grid forms the panels within the arcade walls. The garden walls, gauze-like and ethereal, transform the space into a park room of metropolitan proportions. Small commercial structures and kiosks are grouped along the wide sidewalks that surround the square and are linked by ramps to an existing parking structure. Broad gravel paths extend pedestrian circulation across the square and serve as a border to the central terrace (see acknowledgments).

The four corner pavilions consist of similar structures and roof planes, but they have been developed differently. Each pavilion has two planes—trusses wrapped in wire mesh and underlined in neon—that soar above the city streets. These planes, which can support announcements of events happening in the square and reinforce the square's presence, can be seen by drivers from a distance. Thus, traditional elements from the iconography of the freeway are brought into the architecture of the square and transformed.

The northeast pavilion is the simplest, a monumental loggia that could serve as a logical stop for transportation systems. The southeast and southwest pavilions provide access to an exhibition promenade 15 feet (4.6 meters) above ground level, with wooden deck flooring that creates a pergola for the arcade below. This is controllable space which, with the addition of canvas awnings and park furniture, could serve several distinct public purposes. The northwest pavilion contains two intersecting flights of stairs—known jointly as the orator's steps—which serve as a monument to the free speech tradition of Pershing Square. From here, one can view the urban scene below.

The garden reflects traditional garden forms and techniques. Palms in Versailles boxes add rhythm to the edges and provide a filter between the arcade circulation and the quieter interior spaces. Short allees of cypresses behind raised curbs emphasize the four central portals to Olive and Hill Streets. Magnolia and citrus trees, also set in boxes, frame the aviaries. The regular geometric shapes of the planting beds recall the layouts of early botanical gardens, creating patterns visible from the promenade and the highrise buildings surrounding the square.

A large circular fountain, located in the center of the square in a paved stone surface, can be covered and converted into a platform for performances. Molded benches of light-weight concrete surround the fountain and sloping grass banks along the length of the rectangular area insulate the square from street noises. Water jets arranged in a grid create a forest of smaller fountains around the central fountain.

The square possesses a strong identity, one capable of generating its own sense of district. This presence allows the square to function as most large public buildings traditionally have, acting both as a powerful stabilizer and as a legible mark on the city's grid. Figural in nature, the project is reductively detailed to produce both a sense of permanence and contemporaneity. In an urbanism of unconnected objects, this design technique—the voided public object—offers a unique possibility for the formation of public places.

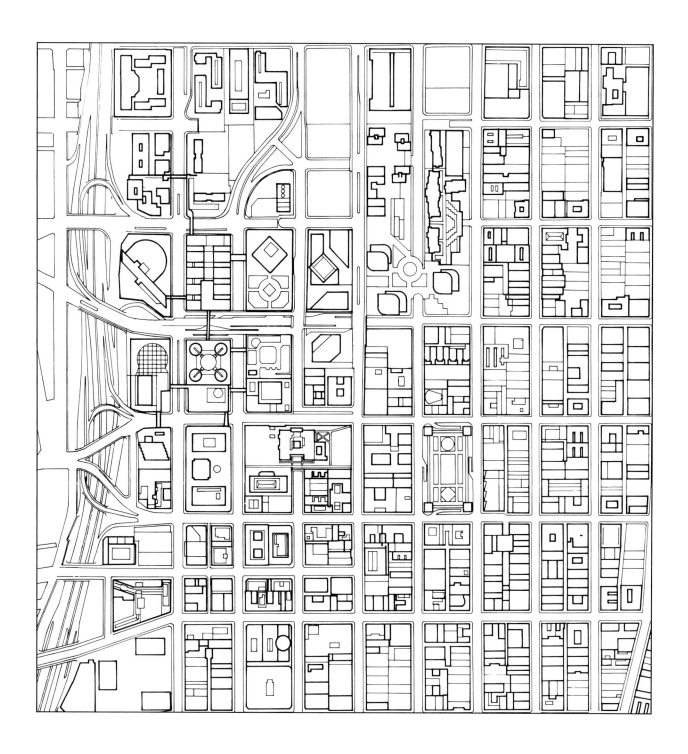

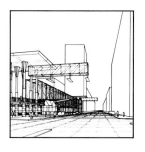

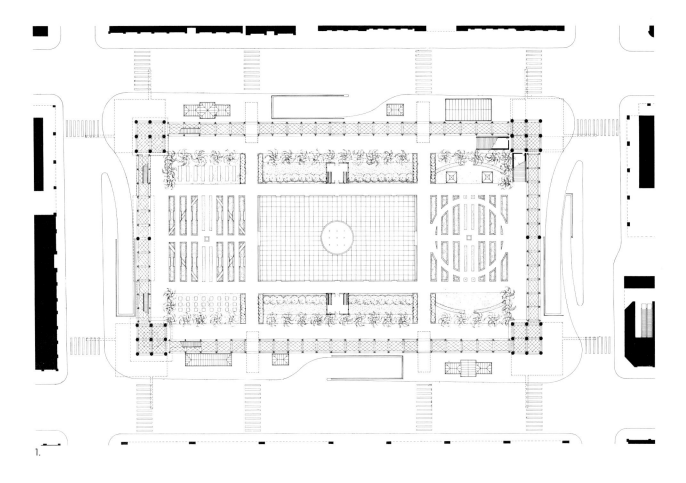

1.

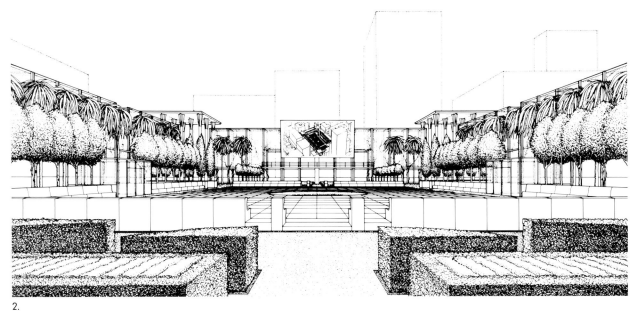

2.

1. Site plan
2. General perspective
3. Aerial perspective
4. Perspective, arcade entrance
5. Perspective, exhibition promenade
6. Axonometrics, corner pavilions

3.

4.

5.

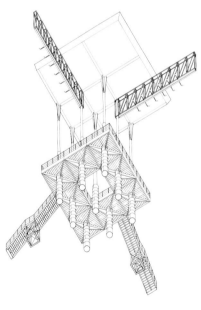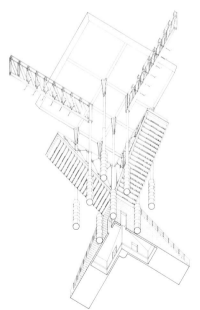

6.

MUNICIPAL CEMETERY, 1986

Polizzi-Generosa, a small medieval town located 2,750 feet (838 meters) above sea level in Sicily, serves as a center for tourism and is known as the gatetown to Madonie National Park. The existing cemetery, sited on a prominent hill outside of town, overlooks a large valley. Arriving visitors must confront the cemetery first, with the town beyond situated on its own hill against an imposing background of mountains. Typically Italian, the cemetery is enclosed within a rectangular, high-walled precinct divided by cypress-lined avenues. The cemetery contains two traditional Mediterranean modes of burial: in-ground burial and the more common *colombaria*, consisting of internment in a mausoleum wall. About ten years ago, when spaces in the old cemetery became filled, an adjacent piece of land was expropriated for expansion.

Unfortunately, local officials immediately leveled the new site and built a peripheral concrete wall, a new service building, and a road connecting the new parking lot with the main entrance to the old cemetery. Upon accepting our design proposal, the municipality agreed to remove the enclosing wall and to relocate the road, but it was unable to alter the excavations or the new building. Given the existing site conditions and the program required for the addition, it was clear that the new design should maximize site occupancy and provide the site with a calm, pure, and strong image that would restore the identity of the cemetery and establish order in the landscape.

The program required the cemetery addition to provide for the traditional modes of burial, and the design had to be easily constructed in phases. In addition to space for 100 in-ground internments, a larger number of spaces were required for the dominant mode of burial, that of colombaria, divided into the following three categories: a municipal mausoleum of 350 spaces; ten confraternity mausoleums of 250 spaces each; and 40 private family mausoleums. The program also included a legal requirement for a 500-space ossarium for the preservation of bones.

In the design proposal (see acknowledgments), the site accommodates a distinctly new cemetery. Given the location of the new parking lot and the leveling of the site, it was impossible to expand the old cemetery. The intention in the new cemetery is to abstract the traditional image of the cemetery and then to reinterpret the conventional rhetorical devices. Since there is no ambiguity in death, the proposed architecture strives to achieve the highest level of precision and clarity.

Organized on two levels, the cemetery's upper level consists of a walled terrace that contains the family mausoleums, municipal in-ground burial plots and a belvedere. The image here is typical of Italian cemeteries, as seen in the cypress trees and the high enclosing wall which contains the stylistic diversity of family mausoleums and tombstones.

The cemetery's lower level contains the confraternity and municipal colombaria along with a ceremonial route. A terraced lawn on the roof of this structure contains entrances for each confraternity mausoleum, marked by a vertical stone slab displaying the name and symbol of the particular institution. This organization provides privacy and identity, while using less space than separate buildings would require. The ossarium, encased in the lower portion of the high wall, is located at the juncture of the two terraces.

Burial processions arrive from the parking lot to the front of either cemetery by way of the street that separates them. In the case of the new cemetery, a procession enters through the central gate on the lower level and follows the ceremonial route lined by the municipal colombaria and lit from above by a grilled slot visible from the lawn. The route ends at a wall where the slot widens, the grill disappears, and sunlight falls on an area reserved for ceremonies of final rites. Above, the sky is visible through a monumental gate in the wall and lichen grows on the brick below. From here, mourners may proceed to burial places within the building or ascend to the upper level. Everyday visitors to the cemetery enter from the parking lot through gates in the back wall and remain on the upper terrace or descend to the lower level. From the belvedere on the upper level, a monumental gate frames a view of the terraced lawn with its slot leading out to a view of distant mountains. The design for the cemetery mirrors its intentions. Imposing a solemn presence on the landscape, it provides a place for memory and reflection.

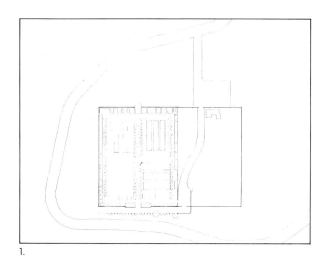

1.

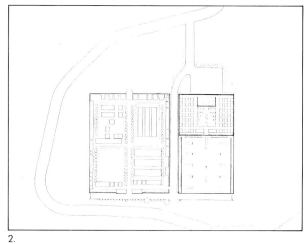

2.

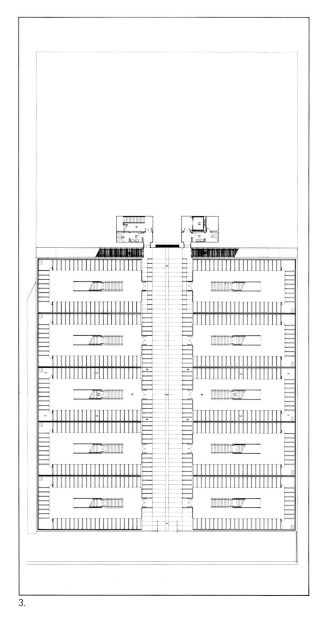

3.

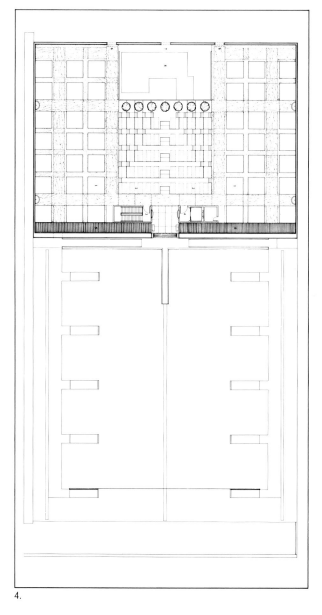

4.

5.

6.

7.

1. Site plan, existing conditions
2. Site plan, proposed new cemetery
3. Plan, ceremonial level, municipal and confraternity colombaria
4. Plan, upper cemetery terrace, family mausoleums, in-ground
   burial and belvedere

5. Model view
6. View, lawn terrace from belvedere
7. View, final rites area

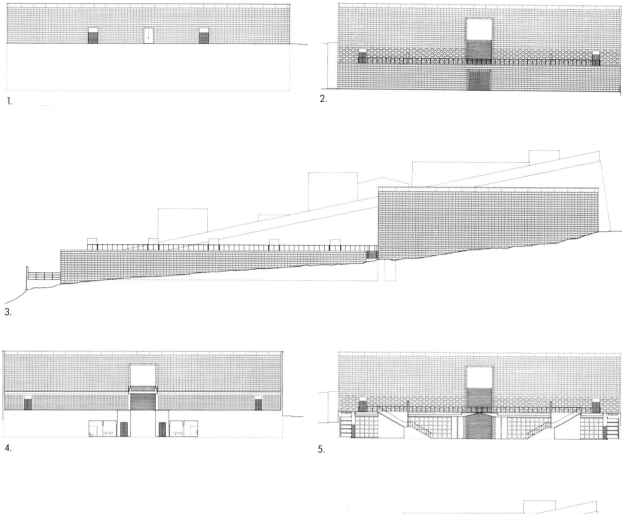

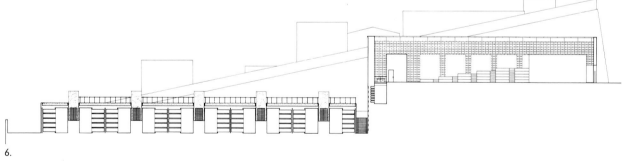

1. Rear elevation, entrance from parking
2. Front elevation, ceremonial entrance
3. Side elevation
4. Cross section, ossarium and vertical circulation
5. Cross section, lower terrace
6. Longitudinal section
7. View of ossarium and stairway from ceremonial level to lawn

7.

LA PORTA MERIDIONALE, 1987
Administration, Recreation and Transportation Complex

Palermo and Sicily in general are often perceived of as places where the urbanistic and architectural dreams of Europe are realized; Palermo is a city that attracts and absorbs what is generated elsewhere. These metaphors explain the stylistic, formal and iconographic origins of the most remarkable interventions throughout the city's history. For us, however, they fail to account for the most fascinating aspect of the city's urbanistic and architectonic achievements: its ability to incorporate ideologically diverse products from many Mediterranean cultures. No other place in the Mediterranean matches Palermo's resilience and plasticity to receive, accommodate, transform, and implement the disparate influxes of western culture. All of this serves as the source of Palermo's wisdom and as a paradigm for a certain urbanism that is characterized not by one overriding idea, but by an approach where each intervention appears as a striking imposition of a *strong form* on Palermo's urban fabric. These strong forms, now devoid of their original ideological content, are infused with the power of contaminating the organism onto which they are grafted with the luminous emanations of their internal clarity. Although some of the strong forms are conventional architectural monuments, most of them occur as infrastructural interventions such as roads, parks, and public spaces.

The power that these infrastructural strong forms have always had to regenerate the city's urban fabric reveals *la modernità di Palermo*, in spite of its millenarian history. Many planning techniques advanced over the past 30 years have unsuccessfully tackled urban problems, producing only the most banal and unlivable environments on the peripheries of many European cities. Using Palermo's wisdom, our intervention involves imposing a strong form that follows the logic of the city's urbanistic history, and the proposal appropriates the most advanced technological and functional ingredients available. Hence, the design proposal "guides" the via Maqueda to its logical destiny, the mountains to the south, following a historical imperative as well as organizing part of the city's new territory. The proposal uses a contemporary public park, the Parco del Maredolce, to provide a place for leisure, while indicating a simple and clear order for urban growth and natural preservation. The design gives Palermo another monument, the Belvedere of the Crown of Palermo, which in its *excessiveness* as a belvedere for automobiles makes the city once again intelligible and manageable, giving back to the citizens the power to possess the city. The design proposes three buildings and two parks laid out along the continuation of the via Maqueda/via Oreto, which we now call the via Coronata. In modern times, the via Oreto became a continuation of the old via Maqueda; in this proposal, it becomes the via Coronata and ends, as it should, against the mountain. A functional, circulatory and geometric continuity is emphasized in the proposal, but the via Coronata is also a building, blue and gold; a road running between the brick retaining walls of the park; a large ramp piercing a building; and, finally, it becomes a tower.

Today, we are concerned with a critical reinterpretation of architecture, the use and potential invention of late twentieth-century infrastructural and architectural typologies, and the question of *emerging typologies*. We are also interested in the technical *materiality* of buildings, the means and ways of building that are available, contemporary, efficient and durable. This concern for tectonics—the obstinate corporeality of things—is a necessary complement to an attitude of invention. Technical veracity and proficient detailing should be present in the design to demonstrate that what has been dreamt can be made tangible and true. Unprecedented conditions are shown to be possible and better than available precedent by means of a convincing technical materiality which we call *unprecedented realism*.

Furthermore, we are involved in the development of a *personal iconography*, one achieved without reliance on stylistic motives or by the limiting self-abuse of a "language." We are concerned with an individual authorship that runs deeper than language, is more resistant to consumption, and risks more in its desire to propose a world and a difference. Finally, we address the issue of *critical design* today—the relentless practice of criticism through design—as part of our desire to work with operations currently common in other artistic practices.

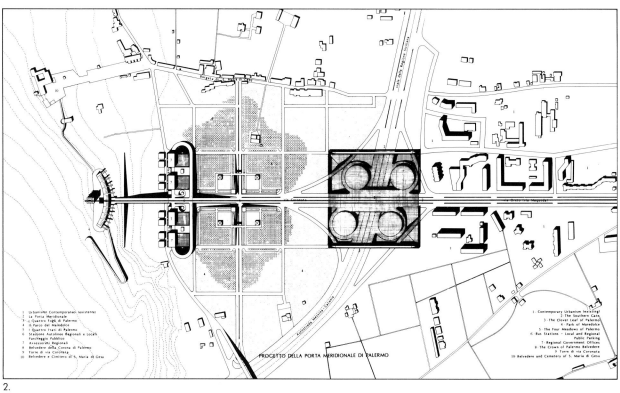

1.

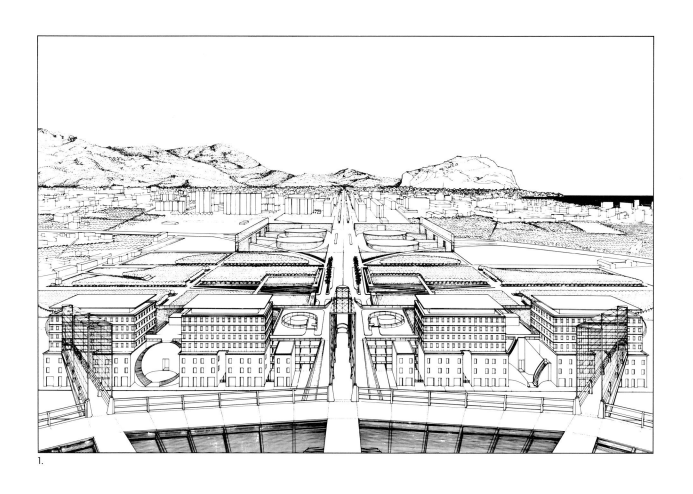

1 Urbanismo Contemporaneo. (existente)
2 La Porta Meridionale
3-4 Quattro Fogli di Palermo
4 Il Parco del Maredolce
5 I Quattro Irati di Palermo
6 Stazione Autolinee Regionali e Locali
   Parcheggio Pubblico
7 Assessorati Regionali
8 Belvedere della Corona di Palermo
9 Torre di via Coronata
10 Belvedere e Cimitero di S. Maria di Gesù

1 Contemporary Urbanism (existing)
2 The Southern Gate
3 The Clover Leaf of Palermo
4 Park of Maredolce
5 The Four Meadows of Palermo
6 Bus Stations – Local and Regional
   Public Parking
7 Regional Government Offices
8 The Crown of Palermo Belvedere
9 Torre di via Coronata
10 Belvedere and Cemetery of S. Maria di Gesù

PROGETTO DELLA PORTA MERIDIONALE DI PALERMO

2.

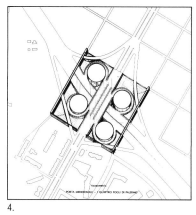

4.

3.

1. General perspective, panorama of Palermo from tower
2. General plan

Cloverleaf
3. Perspective
4. Axonometric

The Cloverleaf of the Porta Meridionale The Porta Meridionale occurs on the continuation of the via Maqueda/ via Oreto, historically and urbanistically one of the most important streets in Palermo, and the intersection with the beltway around Palermo. In the past, a similar contemporary urban problem would have been resolved through the erection of a gate-type building. The proposed solution to the problem centers around the automobile, thus making the traditional gate inappropriate, nostalgic, and ineffectual.

Transportation engineering provides a typology that satisfactorily resolves the problem, i.e., the cloverleaf. The proposed design appropriates it and constructs a cloverleaf as a freestanding building set in the landscape and framed by walls. The double-thick, north-south walls, measuring 250 meters (820 feet) per side, contain staircases and bridges for pedestrians. A variety of ramps and elevated roads are designed as solids; they are constructed of local tufo stone and ceramic tiles and balustrades from Caltagirone. The building's floor is a flat inverted pyramid finished in glazed ceramic brick. The proposed via Coronata passes through the building undisturbed until it reaches the mountain. In this appropriation, we see an opportunity for the manifestation of constant, invariable Sicilian artistic operations; an uninhibited excess, a transformation of such strength that traces of the origins are lost in the process and what emerges, in the end, is an unmistakably Sicilian product. Driving through the building, one enters the cloverleaf where suddenly the materiality of the plane changes from black asphalt to blue and gold tiles.

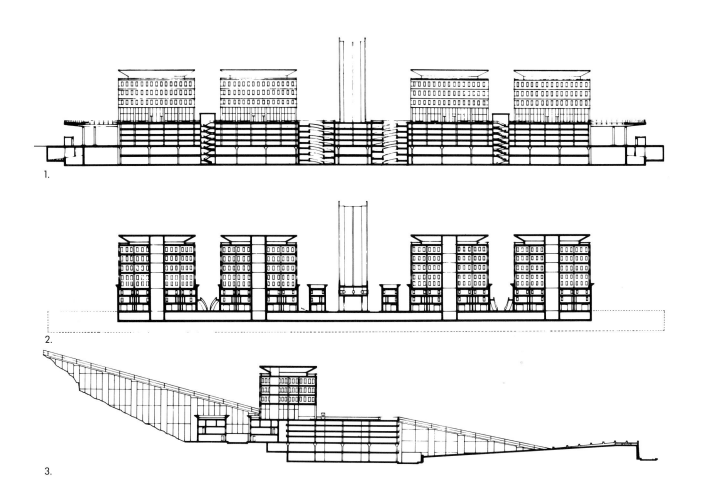

1.

2.

3.

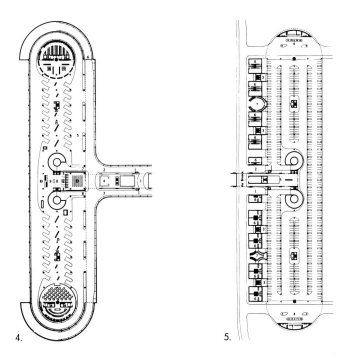

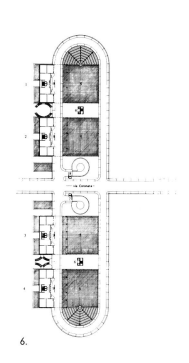

4.

5.

6.

7.

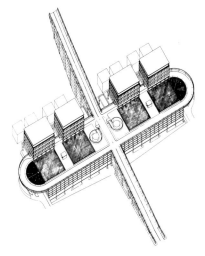

Terraces of the via Brasca
1. Section, bus station and parking garage
2. Section, office buildings and housing
3. Cross section
4. Plan, regional bus station
5. Plan, public parking, housing and commercial space
6. Plan, terrace and office lobbies
7. Perspective
8. Axonometrics

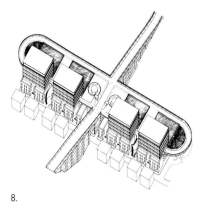

8.

The Terraces of the via Brasca This large, complex building contains most of the program requirements: bus station, parking garage, four public office buildings, and housing and commercial facilities on the via Brasca. These four components are resolved through the most simple and common typologies available. They are assembled vertically with structural members and circulation cores shared by the bus station, the parking garage, and the public offices. The terraces are accessible by car from the via Coronata, by pedestrians from two sets of stairs on the via Brasca, and from the lobbies of the office buildings. By combining conventional building and spatial types which are rarely mixed, the resulting building is unprecedented in its morphology and its urbanistic role. We consider it the initial step in our research on an emerging building type.

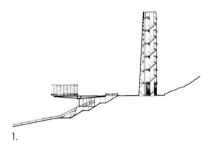

1.

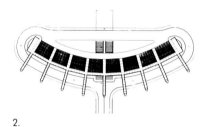

2.

3.

Belvedere of the Crown of Palermo
1. Section, belvedere and tower
2. Plan
3. Perspective

Parco del Maredolce
4. Perspective, via Coronata
5. Axonometric

6. General elevation

The Belvedere of the Crown of Palermo The new via Coronata "collides" with the mountain exactly 100 meters (328 feet) above sea level; at this juncture the tower of the via Coronata comes into place. This is an observation tower, eminently public and open at all times. The belvedere spreads out like a fan at the foot of the tower, providing space for cars to park; from the belvedere the full panorama of Palermo unfolds. Here, infrastructure is turned into a building, a road into a tower, and the black asphalt into the black lava stone of the tower.

Two parks are defined by the spaces among the three buildings. The park between the cloverleaf and the terrace is a formally planted urban park called the Parco del Maredolce; here the structure of the grid relates to the design, as well, and is absorbed by the existing network of roads and streets. Between the terrace on the via Brasca and the belvedere there is a wilder, more picturesque park.

4.

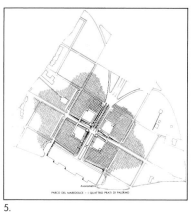

5.

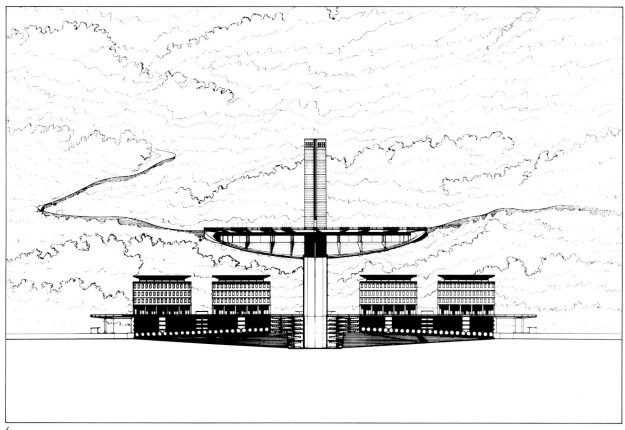

6.

UNIVERSITY CENTER, 1987

Carnegie-Mellon University

Although Carnegie-Mellon University prides itself on being an international research center and a leading school in the fine arts, its support facilities have not been developed to allow it to compete with other major research centers. In its plans for a new University Center, the university asked for a design that would not only articulate an ambitious and complex set of functions but would also be imaginative and inspiring. Located on a site on the northeast side of the main campus entrance, University Center was to become the heart of the campus as well as exemplar for future university buildings. Given such a prominent location, the new building directly addresses the issue of an institution within an urban context.

The complex program requirements fell into two broad categories: *Social facilities:* dining facilities; a conference complex; student cafe and lounges with a commons area; rooms for student activities and organizations; student services, including commuter facilities, information desk, and so forth; campus ministries; retail space; administrative offices and storage space. *Sports-fitness facilities*: a large gymnasium, with two smaller ones, including a weight room; an indoor swimming pool; an indoor one-eighth mile running track; squash and racquet-ball courts; and ancillary facilities.

These program requirements were to be incorporated in a design that allowed maximum exposure for all functions, creating a round-the-clock building that maximized social interaction and participation in different activities. The program presented a challenge since many of the functions do not mix well from a functional and service point of view, such as locker rooms and dining halls or a book store and a chapel.

Two traditional strategies for dealing with large, complex programs did not appear to satisfy the social aspirations of the program. The strategy of breaking the program into separate buildings seemed inappropriate because such a separation would jeopardize the possibility of social exchange. The second strategy of a single building containing all of the functions would inevitably lead to a disproportionately large building, one completely out of scale with the campus.

Our design proposal (see acknowledgments) for University Center is based on typological and iconographical approaches combined with a spatial strategy that addresses the challenges of these complex program and physical requirements. Here a distinctive building type and image is designed for each functional unit, thus organizing the program into ten distinct yet compatible groups of activities; and the entire center operates as one large, complex building organized around a nonhierarchical grid. Several salient aspects result from this approach to the project.

Spatial richness is intensified, providing a nonrepetitive experience, where not only the heights and shapes of rooms and ceilings vary, but the ground also provides a rich new topography, taking advantage of the variations in terrain. There is no center in the overall plan, nor is there a clear ground floor; this is defined, rather, by the point at which one enters. Moreover, this approach emphasizes the spaces between buildings, which become streets, paths and common areas at different levels, overlooking adjacent functions and other means of circulation.

Image richness results from the selection of simple and distinct spatial typologies for each functional unit. The choice of images and overall inspiration comes from the spirit of Pittsburgh and from the designs by Henry Hornbostel, the architect of the original campus, who combined the classical principles of architecture and the compositional rules of the Beaux Arts with the industrial imagery of turn-of-the-century Pittsburgh.

Adhering to the program requirements and the site complexities, but leaving aside self-indulgent aestheticism and metaphysical concerns, the design proposal hopefully reflects the same inventiveness as Hornbostel's architecture, starting with a simple response to the program, but finding inspiration for creativity in the functions and activities themselves, in experimentation with materials, and in unexpected combinations of spaces and technologies. Mixing the rich spatial strategy of Soane's Bank of England and the planning rigor of Diocletian's palace or Fuga's Albergo dei Poveri, our design proposal can be seen as a contemporary contribution to the small family of dimensionally very large buildings.

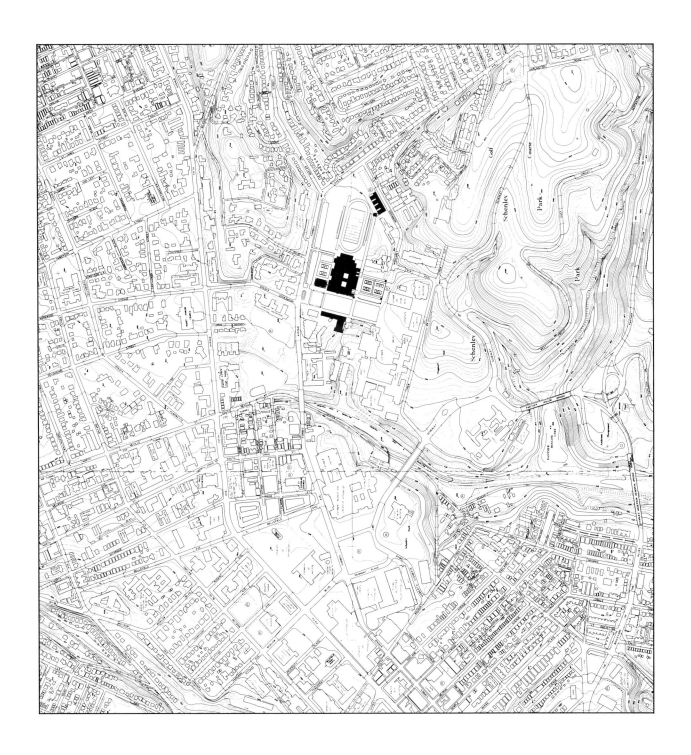

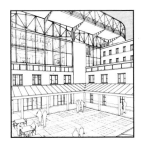

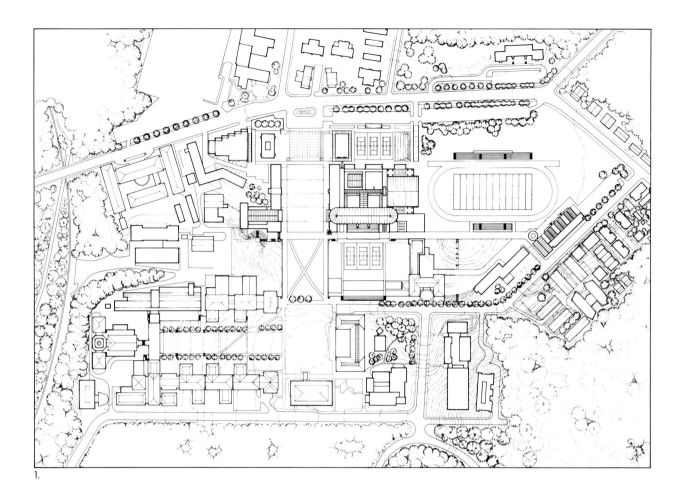

1. Site plan, proposed intervention

2. **Building Components, Generative Process**

a. **Ballroom and Banquet Hall** The ballroom and banquet hall are raised on a columnar grid that organizes an open, public loggia below. The ballroom and banquet hall provide a public entrance to University Center and serve as the main entrance to the campus. The high columnar open space is also appropriate for the traditional annual fairs held on campus.

b. **Office Building** A typical long-bar office building with space for student activities, it also contains seminar rooms for the conference center and a nondenominational chapel in the middle.

c. **Communications Center** A corner building strategically located on the campus, this structure contains all communications and information offices, a visitors' center, a post office, the students' newspaper and radio offices, along with other facilities. A "quiet room" on the upper floor gives students a controlled environment with commanding views of the campus and the city. The corner location is further emphasized by the presence of a campanile, characteristic of many American campuses, but missing at Carnegie-Mellon.

d. **Refectory** The refectory is a large building organized around a common kitchen for all of the dining facilities. Given its location in the overall plan, separate dining areas are oriented in different directions. The refectory's outdoor roof is designed as bleachers for sunbathing and watching tennis matches.

e. **Running Track** This unprecedented space at the roofline hovers above the courtyard and the refectory buildings, defining in a single move the Commons, the required central space characterized in the program as the "center of the university," the main campus entrance to the building, and a memorable image for University Center.

All of the other facilities—locker rooms, storage and kitchen rooms and health spa—are found in the lower level, which due to the terrain, acts as a basement on three sides but is level with the tennis courts on the south side.

f. **Courtyard** The courtyard is divided into two separate spaces by a building that contains a 24-hour cafe at the courtyard level and on its upper levels an art gallery and a TV lounge.

g. **Auditorium** A multipurpose auditorium with a sloping floor, it also contains an upper gallery and projection facilities.

h. **Racquetball-Handball and Squash Courts** A straightforward volume, this building contains six racquetball-handball courts and two squash courts.

i. **Indoor Swimming Pool and Gymnasium** A complex building, at its lowest level it contains an indoor swimming pool, oriented north and south, with bleachers for the public at competitions. At this level, it opens toward playing fields to the east. At the fourth-floor level, it contains a gymnasium, which straddles the swimming pool in an east-west orientation, presenting an important facade toward the playing fields.

j. **General Store and Student Book Store** A five-story general store for the entire university flanks the refectory and, together with the communications center, organizes the major entrances from the south side of the campus.

k-l. **Entire University Center Complex**

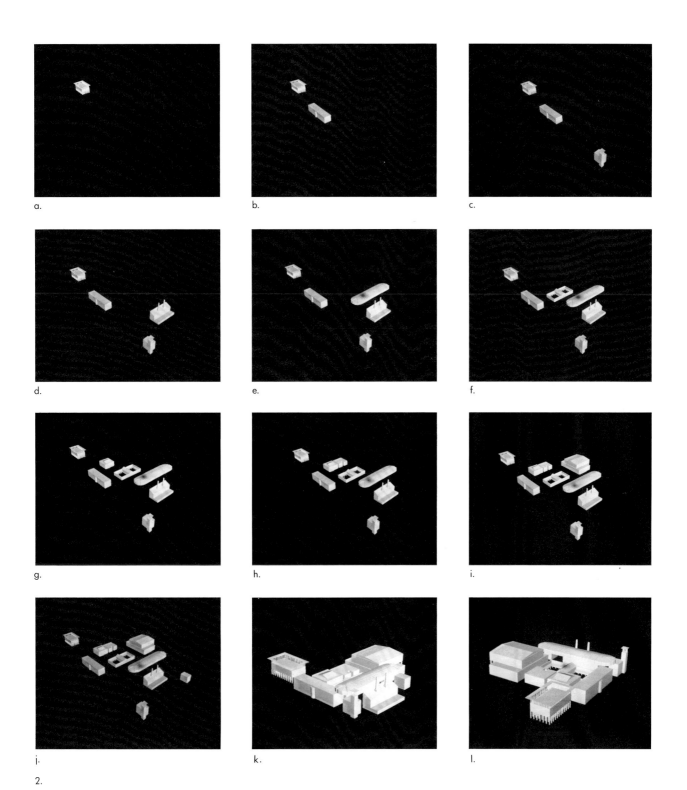

a.

b.

c.

d.

e.

f.

g.

h.

i.

j.

k.

l.

2.

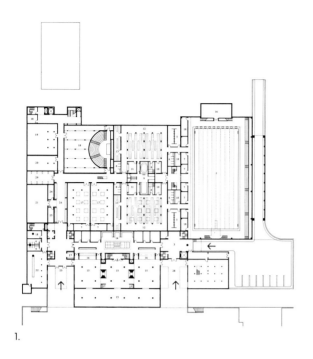

1.

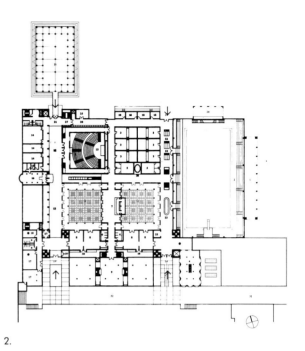

2.

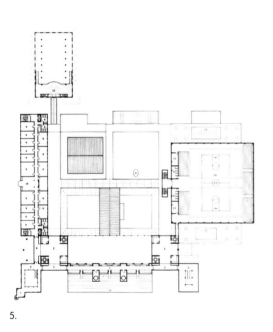

5.

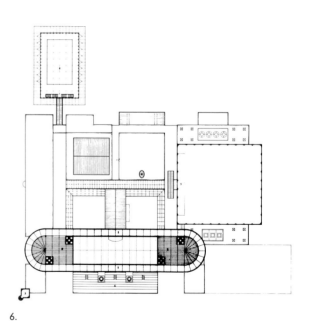

6.

Plans
1. First floor
2. Second floor
3. Third floor
4. Fourth floor
5. Fifth floor
6. Sixth floor

7. Model view

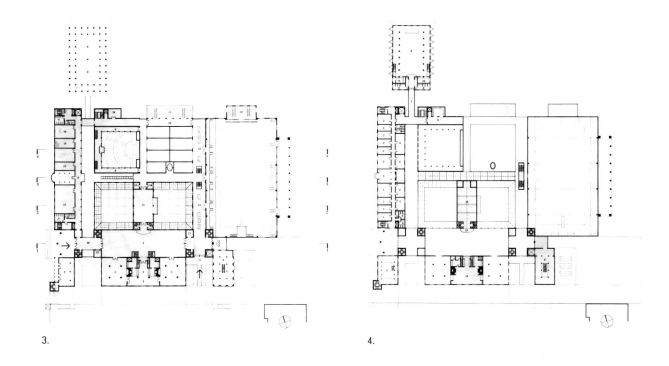

3.

4.

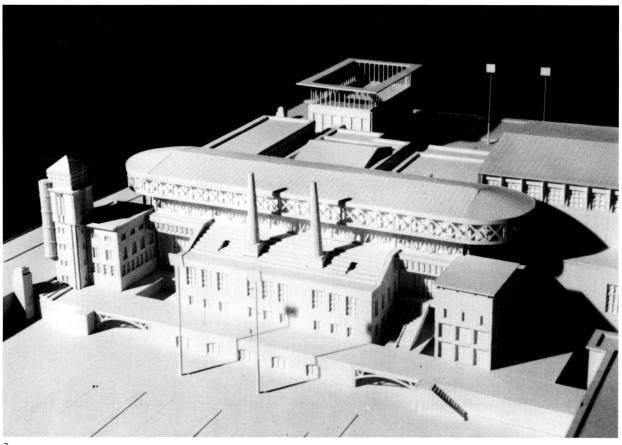

7.

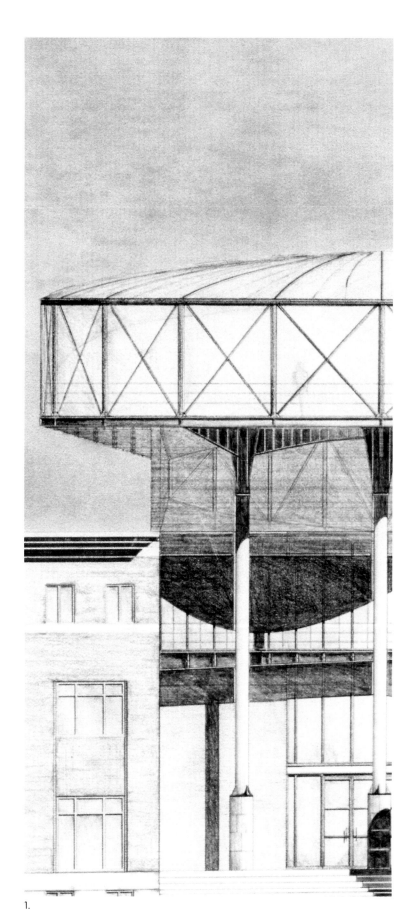

1.

1. Partial elevation, main Commons entrance
2. Section, facing east
3, 4. Sections , facing south
5. South elevation

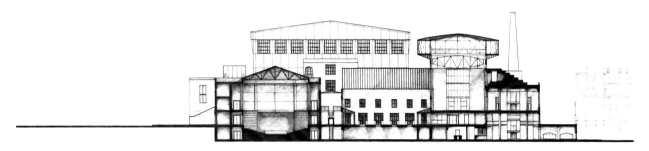

2.

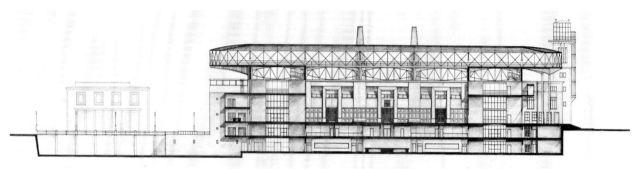

3.

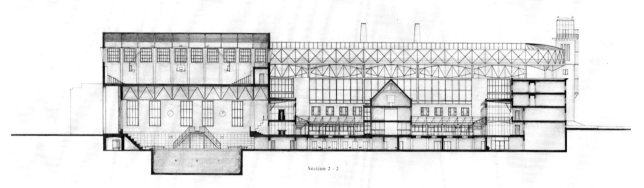

Section 2 - 2

4.

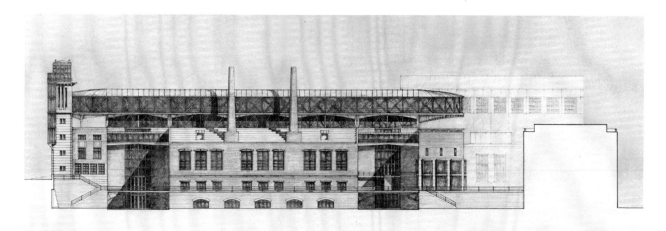

5.

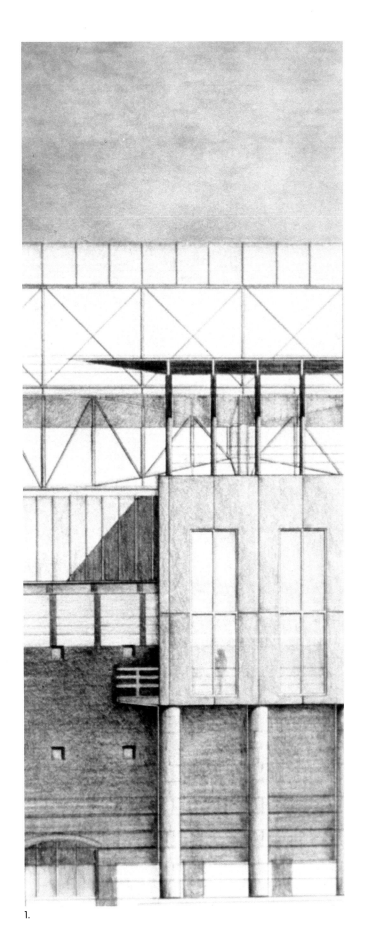

1.

1. Partial elevation, main public entrance
2. West elevation
3. Perspective from old campus
4. Perspective from main campus entrance

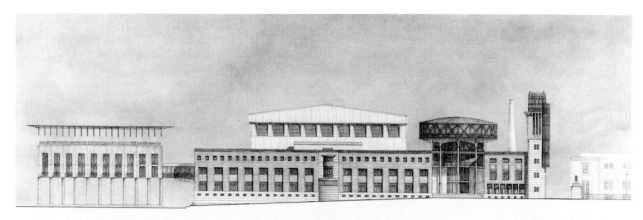

2.

3.

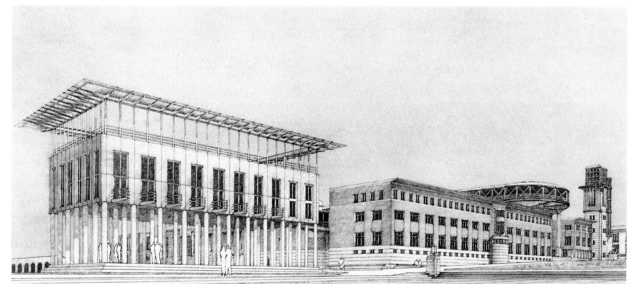

4.

PAVILION, HARBOR & RECREATION FACILITIES, 1988

for the National Exposition of 1991

The Italian National Exposition of 1991, celebrating human activities in the Mediterranean region, will take place along the shoreline of Palermo and will commemorate the centenary of the National Exposition of 1891, which guided Palermo's expansion at the turn of the century. The exposition has clearly stated urbanistic goals: to reconnect Palermo with the sea and to acknowledge the new dimensions of the city outside of its historic center. The program for the proposed exposition calls for a series of nine landings along Palermo's waterfront, covering an arc of more than 10 miles that describes Palermo's contemporary boundaries.

By promoting a temporary cultural activity on strategic sites along the waterfront, which will require important architectural and urbanistic interventions, the exposition proposes that traces of the design remaining after the exhibition will serve as indicators for future development. For districts like the Sperone, where the existing urbanistic and architectural conditions are very unclear, our approach inverts the chronology of the project, attacking the long-term issues first and then resolving the exhibition facilities in particular.

Sited at one of the nine exposition locations, this project consists of a pavilion for the arts and crafts of the Mediterranean and a permanent harbor for the district, called the Sperone. Previously outside the walls of Palermo, the Sperone was a low-density suburban area once directly connected to its shoreline and to the center of Palermo by the via Messina. Today, the Sperone is one of the fastest growing areas of Palermo, following the typical postwar pattern of urban disorder in a large Mediterranean metropolis. One result of this growth has been the transformation of the Sperone waterfront into one of the most congested in the city. Perhaps the most emblematic manifestation of the process of urbanization is that the Sperone has been completely cut off from the sea, with its natural shoreline dramatically changed through the accumulation of refuse and discharges.

Against this background, the design imposes an extremely simple infrastructure for the Sperone project —both formal and constructional—following a strategy based on the design for the Porta Meridionale, where a strong form is inserted in the heart of a disorderly urban fabric, and accepting the exposition's goal of linking the residential area of the Sperone directly with the sea.

Since the via Messina cannot be restored to the role it once had as a major promenade, we propose to widen it to the same generous dimensions it has in the historic center of Palermo. With the reduction in traffic congestion as a result of the completion of a peripheral beltway around the city, the via Messina can thus become a wide boulevard suitable for more placid uses.

On axis with the principal perpendicular street, the arts and crafts pavilion and the harbor are accommodated in a simple and clear structure that surrounds a water courtyard. To further accomplish the project's goals, all perpendicular streets serve as access to the shore and three new streets are created with the same orientation, resulting in minimal disruption to the district's existing fabric.

The remaining parts of the project are devoted to the site's waterfront, utilizing stepped terraces, ramps, and gently sloping lawns to emphasize with clear architectural devices the image of a city in rapport with the sea, as well as taking advantage of the average five-meter (16.5-feet) drop from street level to the high tide line.

To meet both its temporary purpose as an exposition and its long-term goal of reconnecting the Sperone to the city and the sea, we intend to create an area that will be a new and important urban focus for collective activities—a place that can accommodate large gatherings, festivals and artistic performances characteristic of large urban areas—as well as to provide quiet places for rest and relaxation for the citizens of Palermo.

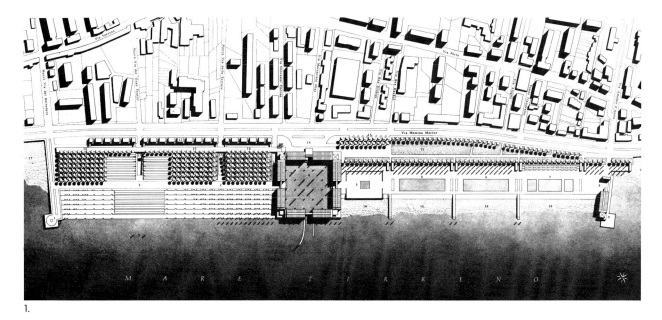

1.

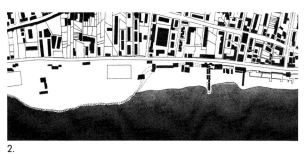

2.

1. Site plan, proposed intervention
2. Existing conditions
3. Aerial view of existing conditions

3.

4.

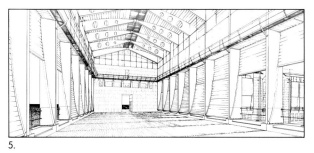

5.

6.

Arts and Crafts Pavilion and Harbor of the Sperone
4. View, water court and harbor during National Exposition
5. Interior, temporary pavilion
6. View, harbor after National Exposition

Arts and Crafts Pavilion with Harbor The exposition pavilion and harbor are combined at the center of the proposed development in one building, a large palazzo with a 100-meter (328-feet) square courtyard that is the harbor itself. The floor below the street level is devoted entirely to harbor activities and is built of standard concrete and masonry. The floor at street level contains the exposition's main concourse, shops, and ancillary and administrative services. The remaining wings on this level present an exhibition of the arts and crafts; they are permanent concrete structures encircling the water courtyard with openings to cells that contain stands where the products are systematically organized for display and sale. An exhibition of the arts and crafts arranged according to specific themes is held on the upper level which consists of large temporary pavilions constructed of steel beams and wood and metal paneling. These pavilions are connected by bridges and located between permanent concrete structures containing vertical circulation and all auxiliary services.

      The water courtyard consists of a 20-by-20-meter (66-by-66 feet) grid of columns that stands five meters (16.5 feet) above high tide and serves, during the exposition, as a base for the temporary metal columns and tensors required for the canvas covering. All of the permanent buildings above street level are faced with local tufo stone.

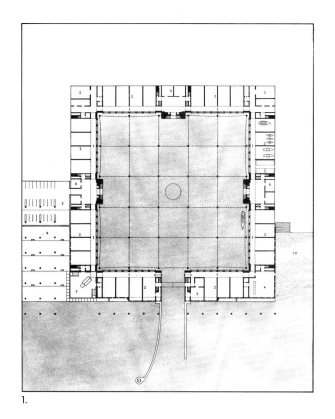

1.

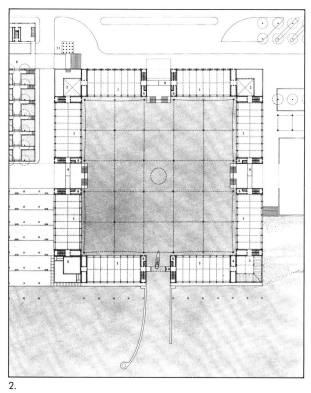

2.

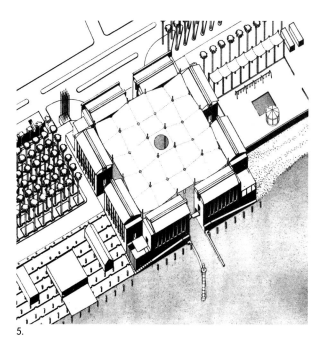

5.

6.

Arts and Crafts Pavilion and Harbor of the Sperone

1. Plan, harbor
2. Plan, main concourse, systematic exhibition
3. Plan, upper level, thematic exhibition
4. Roof plan
5. Axonometric, harbor
6. Axonometric, harbor after National Exposition
7. Partial elevation and section

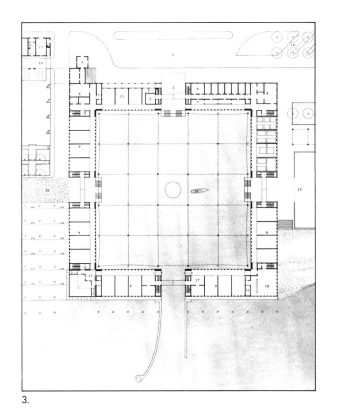

3.

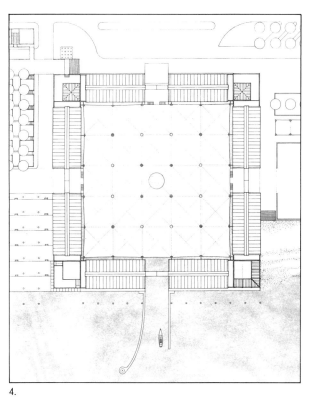

4.

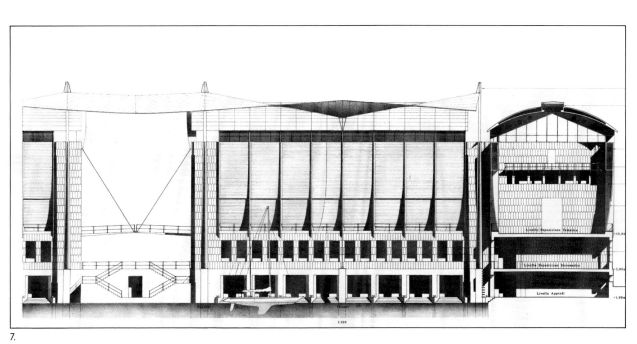

7.

1.

2.

1. Perspective, main promenade during National Exposition
2. Perspective, main promenade after National Exposition
3. Section, artisans' workshops/housing, public garden and Gran Teatro
4. Section, parking entrance and Gran Teatro
5. Plan, bathing facilities

Gran Teatro della Conca d'Oro To the east of the pavilion, a large public space is organized into terraces which rise from the water's edge and reach four meters (13 feet) above ground. These 10 meter (33 feet) wide terraces are articulated on both sides of a wider, 20 meter (66 feet) terrace at street level. This central terrace, when finished in free-pattern stone, could become the Sperone's main pedestrian promenade. Toward the waterfront, the terraces descend to reveal an underlying 10 meter (33 feet) square grid of columns whose height is defined by the street level. Temporary structures could be built on them for the exposition, and afterward they could be replaced with commercial structures supporting leisure activities. On the city side, the terraces ascend as wide steps that accommodate seating arrangements, green parterres, and a massive planting of royal palms on a 10-meter (33-feet) grid —the whole constituting a large public garden. The configuration of this area suggests a grand open-air theater capable of seating 50,000 people, which would become one of the main places for mass gatherings and performances for the people of Palermo.

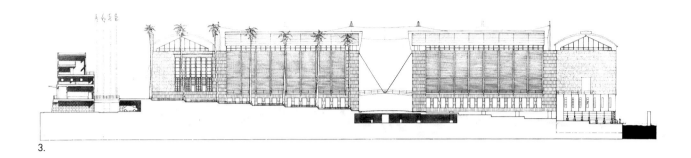

3.

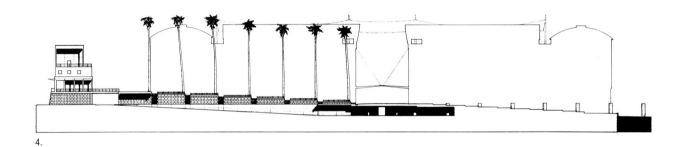

4.

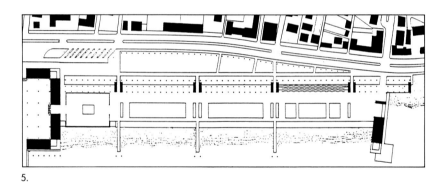

5.

Artisans' Workshops and Artists' Housing To the southeast of the pavilion, a string of low buildings defines the water side of the via Messina and forms an edge for the Gran Teatro. These structures contain shops on the ground floor and artisans' workshops on the second, all tied together by a loggia at the four-meter level on the street side, where it connects with the upper terrace of the Gran Teatro. We intend these buildings to be a part of the exposition, where arts and crafts can be made for sale; then after the exposition, the site will serve as artists' housing and workshops.

Bathing Facilities To the northeast of the pavilion lies the most substantial piece of the Sperone's original beach. Since bathing in the sea is impossible due to pollution, the project will contain three public swimming pools: two devoted to leisure use by families and a third devoted to professional swimming located next to an indoor natatorium. The three pools sit two meters (6.5 feet) below street level and appear to passersby to hover over the Mediterranean. The sand beach can be reached by a ramped surface from the pool level. Between the pavilion and the pools a canvas structure provides shade over a large terrace that serves as a playground for children and as a day care center.

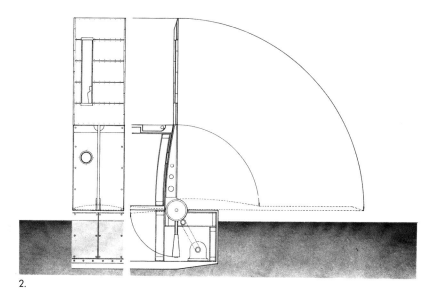

2.

1.

3.

La Barca
1. Views, transformation of barge into performing stage
2. Partial elevation and section
3. Model, la Barca as stage for Gran Teatro

4–6. Model views

La Barca A final feature, *La Barca*, is incorporated into the northeast corner of the pavilion. It is a distinct piece that can be separated from the main building on special occasions, becoming a spectacular floating barge. La Barca can be floated into place on axis with the Gran Teatro, where it would serve as a stage. La Barca would become a central attraction during the exposition as well as remaining a remarkable permanent feature of Palermo in the tradition of monuments and follies left behind after such large expositions.

4.

5.

6.

Biographical Notes

Rodolfo Machado

Rodolfo Machado was born in Buenos Aires, Argentina, in 1942 and is a citizen of the United States where he has resided since 1968. He received his Diploma in Architecture from the Universidad de Buenos Aires. During the academic year 1967–68, he studied urban design at the Centre de Recherche d'Urbanisme in Paris, France, and in 1971 he received his Master of Architecture degree from the University of California at Berkeley.

Rodolfo Machado has taught at the University of California at Berkeley, Carnegie-Mellon University, and the Rhode Island School of Design, where he was chairman of the Department of Architecture from 1978 to 1986. He has conducted seminars and given lectures, and he has been a visiting critic at numerous schools of architecture both in the United States and in Europe; most notably, he has been the Bishop Professor of Architecture at Yale University and the Smith Professor of Architecture at Rice University. Currently, Rodolfo Machado is Adjunct Professor of Urban Design and Architecture at the Harvard University Graduate School of Design. He regularly serves as a juror on panels for national institutions, state art programs, and the American Institute of Architects awards programs.

Rodolfo Machado has practiced professionally in San Francisco, California, and in Pittsburgh, Pennsylvania. He has been in partnership with Jorge Silvetti since 1974 and is a principal in Machado and Silvetti Associates, Inc., in Boston, Massachusetts. His drawings, writings and building projects have been extensively published and exhibited in museums and art galleries worldwide. The work of Machado and Silvetti represented American architecture at the 1980 Venice Biennale and American urban design at the 1980 Paris Biennale. The firm has received five *Progressive Architecture* awards and citations as well as design awards from Argentina, France and Germany.

Jorge Silvetti

Jorge Silvetti was born in Buenos Aires, Argentina, in 1942 and is a citizen of the United States. He studied music theory and performance at the Music Conservatory of Buenos Aires and architecture at the University of Buenos Aires. A resident of the United States since 1967, he received his Master of Architecture degree from the University of California at Berkeley.

He has taught at the University of California at Berkeley and Carnegie-Mellon University, and he has served as visiting professor at the Polytechnic Institute of Zurich and the University of Palermo, in Sicily. Since 1975 Jorge Silvetti has taught architecture at the Harvard University Graduate School of Design where he became Professor of Architecture in Design and Design Theory in 1983. Since 1985 he has been director of the Graduate School of Design's master programs in architecture, and in 1988 he became head of a research project on the architecture, urbanism and landscape of the island of Sicily, Italy.

Jorge Silvetti received an NEA individual grant in 1984, the Prix de Rome in 1985–86, two *Progressive Architecture* awards, and second prize in the first international competition in 1976 for the renovation of the La Villette sector of Paris (in partnership). With Rodolfo Machado, he has received three other *Progressive Architecture* awards and an award for the design of the new DOM corporate headquarters in Cologne.

Jorge Silvetti's projects and those of Machado and Silvetti Associates, Inc., have been published in international professional magazines and displayed in numerous exhibitions in the United States, Europe and Latin America, including the Museum of Modern Art in New York City, the Centre Pompidou in Paris, the Biennale di Venezia, the National Building Museum in Washington, D.C., the I.B.A. Exhibition of 1984 in Berlin, and at the XVII Triennale di Milano in 1987. Jorge Silvetti writes frequently on theory and criticism in architecture.

Selected Bibliography

This selected bibliography, which lists citations according to projects, contains only those publications on the work of Machado and Silvetti that are relevant to the projects included in the catalogue.

Roosevelt Island Housing, 1975

Agrest, Diana and Alessandra Latour. "Roosevelt Island Housing Competition." *L'Architecture D'Aujourd'hui*, Paris, September 1976, pp. 22–24, 34–35.

"Arquitectura Critica/Critica Arquitectonica." *Summarios* No. 13, Buenos Aires, November 1977.

D'Amato, Claudio. "Roosevelt Housing Competition." *Controspazio*, Rome, December 1975, pp. 24–29.

"Roosevelt Island Project, New York of Rodolfo Machado, Jorge Silvetti, Diana Agrest, Mario Gandelsonas." *Space Design* No. 10, October 1977, pp. 39–40.

The Steps of Providence, 1978

"27th Annual P/A Awards." *Progressive Architecture*, Stamford, Connecticut, January 1980, pp. 90–93.

Jensen R. and P. Conway, editors. "Ornamentalism." Clarkson N. Potter Inc., New York, 1982, pp. 148–149.

Lampugnani, Vittorio Magnano. "Architecture Unseres Jahrhunderts in Zeichnungen; Utopie und Realitat." Verlag Gerd Jatje, 1982, p. 183.

"La Presence de L'Histoire—L'Apres Modernism." Paris, L'Equerre Editore, 1981, pp. 204–208.

"Les Escaliers de Providence: La Reconstruction de la Ville Americaine." *L'Urbanite*, Paris, Academy Edition, 1980, pp. 154–157.

Oeschslin, Werner. "New Possibilities of Distinction." *Lotus International 28*, Milan, July/September 1981, pp. 116–125.

"Speaking a New Classicism: American Architecture Now." Smith College Museum of Art, Northampton, Massachusetts, 1981, pp. 36–39.

"The Presence of the Past: La Biennale." Electa Editrice, Milan, 1980, pp. 230–231.

Pioneer Courthouse Square, 1980

Architectural Review (Marginalia). London, April 1981, pp. 194–195.

"Portland Square Competition Winner Announced." *Progressive Architecture*, Stamford, Connecticut, September 1980, p. 31.

Sharp, Denis. "Une Architecture de la Technologie." *L'Architecture D'Aujourd'hui*, Paris, December 1980, pp. 22–23.

Four Public Squares, 1983

"32nd Annual P/A Awards." *Progressive Architecture*, Stamford, Connecticut, January 1985, pp. 86–89.

Fodera, Leonardo. "Quattro Piazze a Leonforte." *Tessuti e Castelli in Sicilia*. Mediterranea Editrice in Architettura, Cefalu, 1986, pp. 128–135.

Giuffre, Angioletta. "Cambiano Volto Le Piazze di Leonforte." *Sicilia Tempo*. January/February 1986, pp. 57–60.

Oeschslin, Werner. "Embellissement." *Idea, prozes, Ergebnis*. IBA Exhibition Catalogue, Berlin, pp. 303–314.

Reeve, Margaret and Alex Krieger. "Establishing a Threshold: Twelve Architectural Practices in Boston." Harvard University Graduate School of Design, Cambridge, Massachusetts, November 1985.

Silvetti, Jorge and Alessandra Latour. "Two Projects for Sicily." Catalogue of the exhibition, New York Chapter, AIA, New York, 1985.

Silvetti, Jorge. "Four Public Squares in the City of Leonforte, Sicily." *Assemblage* No. 1, Cambridge, Massachusetts, October 1986, pp. 54–71.

Wolin, Judith. "The Rhetorical Question", *VIA: Architecture and Literature*. Journal of the Graduate School of Fine Arts, University of Pennsylvania, Philadelphia, No. 8, pp. 16–31.

Times Square Tower, 1984

Machado, Rodolfo. "Public Places for American Cities." *Assemblage* No. 6, Cambridge, Massachusetts, June 1988, pp.

"Proyecto para Times Square", *El Cronista Comercial*. Buenos Aires, November 25, 1987, p. 2.

Reeve, Margaret and Alex Krieger. "Establishing a Threshold: Twelve Architectural Practices in Boston." Harvard University Graduate School of Design Cambridge, Massachusetts, November 1985.

Urban District, 1984

Machado, Rodolfo. "A Project for Este." *Third International Exhibit of Architecture*. vol. I, Electa Editrice, Milan, 1985, p. 121.

Oeschslin, Werner. "History and Complexity in Venice, New Horizons for Modern Architecture." *Third International Exhibit of Architecture*. vol. I, Electa Editrice, Milan, 1985, pp. 18–36.

Deep Ellum, 1985

"A Deep Ellum Dream", *Dallas Morning News*, Dallas, Texas, May 29, 1987, sec. C, p. 1.

Jakobson, Barbara. "Deep Ellum, Dallas, Texas." *Lotus International 50*, Milan, 1986, pp. 46–61.

Pershing Square, 1986

Machado, Rodolfo. "Public Places for American Cities." *Assemblage* No.6, Cambridge, Massachusetts, June 1988, pp.

Municipal Cemetery, 1986

"Rodolfo Machado, Jorge Silvetti." *Metamorfosi* No. 6/7, Rome, September 1987, pp. 101–103.

La Porta Meridionale, 1987

"Le Citta Immaginate: Un Viaggio in Italia; Nove Projetti per Nove Citta." Catalogue for the XVII Triennale di Milano, Milan, February 1987, pp. 190–192.

University Center, 1987

Machado, Rodolfo and Jorge Silvetti. "Centro Universitario de Carnegie-Mellon." *El Cronista Comercial*, Buenos Aires, pp. 1–8.

"Rodolfo Machado, Jorge Silvetti." *Metamorfosi* No. 6/7, Rome, September 1987, pp. 101–103.

Pavilion, Harbor and Recreation Facilities, 1988

"Argomenti, A Palermo." *Casabella*, Milan, October 1988, pp. 28–29.

"Nove Progetti per il '91." *l'Ora*, Palermo Sicily, May 18, 1988, p. 18.

"Palermo 1991: Nove Approdi per l'Esposizione Nazionale." Publication of the Department for the Cultural Activities of the Christian Democrats of Palermo, Sicily, 1988, pp. 28–41.

Acknowledgements, Associates and Collaborators

The Roosevelt Island housing competition project was done in partnership with Diana Agrest and Mario Gandelsonas.

The project for Pioneer Square in Portland, Oregon, was done as a joint venture with Schwartz and Silver Architects, with Machado and Silvetti Associates in charge of design.

The local liaisons for the four public squares in Leonforte, Sicily, were the architects Giuseppe Rubino and Alberto Sposito. The surveyor of historic buildings in Leonforte was architect Franco Anastasio.

The project for Este was designed by Rodolfo Machado and a team of ten students from the Rhode Island School of Design, as an invited submission to the Biennale di Venezia of 1985. The ten students were Riccardo Accorsi, Atsushi Aiba, Barbara Ambach, Carlos Aparicio, John Bass, Douglas Hettinger, Michael Maltzan, Lisa Ranieri, Jennifer Schab and Daniel Tuttle.

The master plan for the Deep Ellum district of Dallas, Texas, was developed in partnership with Diana Agrest, Mario Gandelsonas and Christian Hubert, with Barbara Jakobson as project coordinator and Laura Carpenter and Lou Reese as developers. The proposal for sector B, published in this catalogue, is the sole project of Machado and Silvetti Associates.

For the Pershing Square project, Leonard Newcomb, landscape architect, served as consultant.

The new municipal cemetery for Polizzi-Generosa, Sicily, was designed by Machado and Silvetti Associates with Paolo Mungiovino and Riccardo Lombardo serving as local liaisons.

Consultants for the Carnegie-Mellon University Center were Harvey Bryan, mechanical engineering, and John Born, structural engineering. Computer-generated images were produced by Darell Fields and Gray Houghland.

We would like to thank Peter Lofgren and Adolfo Perez who are the principal associates in the firm of Machado and Silvetti Associates.

We would like to thank Samuel H. Trimble whose efforts contributed to several of the firm's projects as well as to the catalogue itself.

We would also like to thank the following people who have helped in different facets and stages of design for the projects contained in this catalogue: Riccardo Accorsi, Adolfo Albaisa, Sahel Al-Hiyari, Juan Antonio Alurralde, Brian Andrews, Carlos Aparicio, John Bass, Eric Beach, John Brittingham, Rocco Ceo, Paul Cha, Edwin Chen, Michael Chin, Greg Conyngham, David Cowan, Charles Crowley III, Paul Danna, Pablo Doval, Christopher Doyle, Omer Erduran, Greg Etter, James B. Favaro, Amy Flom, Francesco Franchina, Ezra Gould, Paul Hanley, Jack Hartley, Ali Hocek, Douglas Johnston, Christopher Kirwan, Kenneth Lewis, Tim Love, Michael Maltzan, Kristopher Musumano, Amy Murphy, James Orsi, David Rolland, Thomas Shafer, Jonathan Schecter, Pierre Schmidt, David Stern, Juan Suarez, Enzo Maria Timpanaro, Stephen Alastair Wanta, Daniel Wheeler, and Tim Yuen.

Finally, we would like to thank Margaret Barnes, assistant to the architecture program director, Harvard University Graduate School of Design, for her assistance in the preparation of the catalogue manuscript.

Da Speculazioni Oggettive a Condizioni Civiche

Nel corso degli ultimi venticinque anni, l'urbanistica in America è stata fortemente influenzata da due scuole di pensiero sul come le città dovrebbero essere capite e progettate. Nel corso degli anni '60, e per buona parte del decennio seguente, una notevole fiducia era posta nel progettare da una "serie di forze ad una forma". Le forze in questione derivavano di solito da considerazioni scientifiche, chiaramente positiviste. Di conseguenza, categorie quali l'uso del territorio, le infrastrutture ed i sistemi urbani emergevano di pari passo a idee di tipo relazionale, ad esse subordinate, quali connettività, rete, tessuto. La integrazione, per sua natura circolare, di analisi e sintesi, fu adottata come *modus operandi*, in un processo che dalla prima passava direttamente alla seconda, e pertanto le problematiche dell' urbanistica furono sommerse dal tentativo di meglio comprendere come funzionassero le città.

Era naturale che durante gli anni '70 si manifestasse una reazione, che spostò il discorso verso una preminente preoccupazione per il formalismo urbanistico-architettonico. L'urbanistica apparve allora risiedere nell'ambito fisico e, soprattutto, in un contesto fisico di risultati del passato. Emersero categorie quali tipo, morfologia, tessuto, frammento, insieme con descrizioni di fenomeni come rito, permanenza, continuità.

L'opera urbanistica di Rodolfo Machado e Jorge Silvetti non rientra compiutamente in alcuna di queste categorie. Sebbene i loro principali interessi siano di natura poetica (nel senso di originalità creativa), finalizzati cioè ad affrontare le problematiche del fare, si può tuttavia scorgere in essi un evidente e coerente programma socioculturale. Le idee delle due sopra citate scuole, secondo le quali le città sono parte di un inevitabile processo culturale, oppure ne sono avulse, vengono però costantemente trasgredite nel loro lavoro. Vi si nota invece un impegno, anche se talora critico, verso la invenzione e la ricerca di una architettura urbana nuova e più accorta.

La Città Oggettiva

Al centro del lavoro urbanistico di Machado e Silvetti è la convinzione che le città possono essere apprezzate oggettivamente, sono composte di fatti architettonici, di edifici e condizioni geometriche di ordine spaziale. Per loro le città sono entità materiali e pratiche, sebbene possano esprimere anche altri significati; le città hanno una loro configurazione precisa e specifica, sono costruite in un determinato modo e non in un altro. Alla stessa maniera, lo spazio interno ed esterno agli edifici ha la condizione di un fatto culturale, soggetto soltanto a certe mutazioni.

Il loro, tuttavia, non è un atteggiamento che limita il ruolo del simbolismo e della spinta sociale. Al contrario, essi credono che la architettura urbana possa diventare leggibile ed essere valutata sia per il suo linguaggio sia per la sua funzione. In merito allo sviluppo urbano, essi ritengono prevalenti le idee urbanistico-architettoniche relative alla costruzione, piuttosto che le particolaristiche esigenze del luogo.

L'edificio come città. Numerosi progetti di Machado e Silvetti manifestano tale orientamento. Innanzitutto vi sono quelli che possono essere raggruppati sotto il tema *l'edificio come città*, di cui si ha una esemplificazione in uno dei loro primi progetti : il Memorial Walter Burley Griffin (1975). Su una collina che sovrasta la capitale australiana Canberra, il progetto deriva la sua organizzazione formale direttamente dalla pianta studiata da Burley Griffin per la città sottostante. L'omaggio all'originale consiste nell'aver nuovamente idealizzato il concetto unitario presente nel piano di Griffin, ora parzialmente oscurato dal casuale, successivo sviluppo urbano.

Il complesso programma edificatorio studiato per l'University Center alla Carnegie-Mellon University (1987), è disposto in modo da formare una città virtuale all'interno di una griglia di base non gerarchica. Edifici differenti coesistono in una singola struttura, con strade interne che racchiudono spazi più piccoli. La adozione di una tipologia spaziale distinta per ogni singolo edificio ed unità funzionale contribuisce ulteriormente a sviluppare l'immagine di una città.

Sebbene il progetto di ampliamento del cimitero di Polizzi-Generosa in Sicilia (1986) non rientri esattamente in questo discorso, esso indica inequivocabilmente il forte interesse di Machado e Silvetti per una chiarezza e una precisione oggettiva nel costruire, e allo stesso modo una certa propensione per schemi urbani. La terrazza superiore – in cui si trovano colombari familiari, uffici amministrativi e un muro perimetrale – poggia su una pianta simile ad una griglia ortogonale. In una ispirata trasformazione del tradizionale cimitero italiano, un ingresso monumentale aperto nel muro di cinta fa da cornice alla visuale del livello inferiore e delle retrostanti montagne, creando una suggestiva atmosfera di serenità e meditazione. La zona delle sepolture è resa ancor più urbana da un passaggio simile ad una via che attraversa la rimanente parte del complesso.

Stanze urbane. Una seconda categoria di progetti riguarda la oggettivizzazione dello spazio all'interno della città sotto forma *di stanze urbane*. Il miglior esempio lo offre la Pershing Square a Los Angeles (1986). Qui è creato un vasto giardino-edificio-oggetto, inscrivendo nettamente i limiti di un isolato cittadino entro porticati continui e padiglioni d'angolo. L'idealizzazione dei limiti oggettivi della piazza è accresciuta ulteriormente grazie ad una griglia metallica trasparente che corre lungo i bordi dei porticati. La risultante "stanza-parco" rende un' immediata idea di luogo, e dà la sensazione di trovarsi al centro di un quartiere d'affari. Le qualità di stanza della piazza sono ulteriormente rafforzate dagli arredi del giardino interno. Un progetto precedente, per la Pioneer Square a Portland, nell'Oregon, sebbene meno pronunciatamente, presenta molte di queste stesse caratteristiche.

La proposta per il Sesquicentennial Park a Houston, nel Texas (1986), continua il tema di stanze urbane con l'estensione della esistente griglia urbana al sito, formando cinque piazze distinte alla maniera di sviluppi adiacenti al centro cittadino, dove singoli edifici occupano interi isolati. Vi sono alcuni degli elementi tipici delle piazze, come la Tower of Houston in Houston Square. In altri casi, le soluzioni di inquadratura ed oggettivizzazione della griglia stradale intorno alla piazza comprendono elementi tipici delle infrastrutture pubbliche, come rampe autostradali, all'interno del più immediato campo dell'esperienza architettonica.

Localizzazioni strategiche. Una terza categoria di progetti, che potrebbe essere chiamata delle *localizzazioni strategiche*, esprime con evidenza l'attenzione di Machado e Silvetti verso l'urbanistica. Invece di progettare o riprogettare accuratamente e con impegno notevole settori consistenti di città – questa è la tendenza prevalente delle odierne ortodossie urbanistiche – Machado e Silvetti propongono l'adozione di progetti urbanistico-architettonici discreti, idonei a creare contesti urbani nei luoghi vuoti, e a chiarire nella mentalità dei cittadini il senso della città riunificata nelle sue parti. In tal modo, interventi relativamente modesti vanno molto al di là dei confini immediati di un particolare sito. Interventi lineari e puntiformi sono collocati in modo da costituire un'armatura di punti focali che realizza la rivalutazione della città nel suo insieme o in vaste sue parti.

Le Scalinate di Providence, Rhode Island (1978), propongono

questo tipo di intervento con un sistema circolatorio di scale, percorsi, giardini e piazze, intorno al quale si organizzano la ristrutturazione e l'espansione della Rhode Island School of Design. Sfruttando la topografia della collina e la dispersione degli edifici su un *campus* tradizionale, si stabilisce una linea che allo stesso tempo intreccia tra di loro i servizi della scuola, e fa delle scalinate un ameno luogo pubblico. L'enfasi posta quasi allo stesso modo sui *vuoti pubblici* e sui *pieni privati* rinforza ancor più la natura duplice dell'impresa. Dalla scalinata monumentale ai piedi della collina, partendo dalla Market Square e dal fiume Providence, la proposta lineare muta carattere, diventando congiuntamente istituzionale ed informale nel suo carattere architettonico.

La riorganizzazione e la progettazione di quattro piazze pubbliche a Leonforte, in Sicilia (1983), prosegue il tema di una reintegrazione e rigenerazione strategica di un'area urbana esistente attraverso mezzi architettonici relativamente modesti. Un piano per la collocazione di monumenti civici e per la realizzazione di pubblici miglioramenti è basato sulle caratteristiche significative formali di condizioni fisiche esistenti, piuttosto che su astratti modelli di sviluppo urbano. L'elemento più straordinario del progetto è la Torre di Leonforte che, sia come piattaforma panoramica, sia come monumento, offre la capacità di reinterpretare la città. Proprio come le arcate del complesso seicentesco della Gran Fonte, dall'altra parte della città, legavano Leonforte al suo paesaggio agricolo, così la nuova torre fornisce i mezzi architettonici per riunificare il disparato tessuto urbano del ventesimo secolo.

Le localizzazioni strategiche, tuttavia, non sempre sono interventi concreti. Con il progetto per la Times Square a New York (1984), per esempio, non si interviene nell'area circostante, né si interrompe l'attraversamento della Quarantaduesima Strada. Esso è limitato all'angolo geometricamente anomalo tra Broadway e la Settima Strada. Un complesso di spazi pubblici è proposto alla base di due edifici commerciali, frapponendo una forte presenza civica in ciò che sarebbe altrimenti un campo privato.

Tra altre proposte, il progetto per Este, in Italia (1984), inserisce una straordinaria rampa ed una torre in una incompleta e relativamente ambigua configurazione di isolati urbani ed edifici. L'effetto di questo intervento trasforma ed in pari tempo unifica la realtà fisica dell'area all'intorno. Il piano è strategico e generativo, sia con il suo programma, sia con la sua presenza fisica all'interno della città.

La proposta di tre edifici e due parchi per il progetto della Porta Meridionale a Palermo, in Sicilia (1987), estende l'idea delle localizzazioni strategiche alla periferia della città, fornendo simultaneamente un'armatura per sviluppi futuri adiacenti ed uno speciale punto focale all'interno dell'area metropolitana. L'asse di Via Maqueda/Via Oreto, una delle principali strade della città, è esteso fino alla base della montagna vicina, e diversi punti lungo il suo tracciato sono sviluppati come oggetti specifici. Uno svincolo a quadrifoglio, insieme con una autostrada passante, sono appropriati e trasformati in una porta della città. Un parco urbano, il Parco del Maredolce, è proposto con una griglia di alberi piantati formalmente che è assorbita nel disegno circostante di strade e vie. Una stazione degli autobus ed un edificio amministrativo formano un margine del parco, ed una torre di osservazione conclude la progressione all'inizio di una zona più selvaggia che si estende poi su per la montagna.

La progettazione dei quartieri. Un'ultima categoria di progetti, *la progettazione dei quartieri*, è esplorata nella proposta per Deep Ellum a Dallas, in Texas (1985), dove un contesto urbano con una distinta identità è progettato accanto al distretto finanziario del centro. In forte contrasto con l'usanza, evidente in prossimità, di collocare edifici massicci ed isolati in particolari aree, in Deep Ellum l'enfasi è posta sulla creazione di un tessuto urbano. Questa configurazione, insieme con alti livelli di varie destinazioni d'uso, è proposta per recuperare la vita pubblica delle strade cittadine. Il progetto è incernierato sulle qualità oggettive della pianta, e particolarmente sulla struttura della circolazione e della aggregazione. In contrasto, l'organizzazione formale del progetto per un insediamento residenziale a Roosevelt Island, New York (1975), si caratterizza per le forti affinità con la configurazione dell'isolato urbano della vicina Manhattan, dall'altra parte dell'East River, estendendo in questo modo la città sull'isola.

La proposta per lo Sperone (1988) è più complessa, e riguarda sia la costruzione di un'area a sé stante, sia la estensione del quartiere. Ancora una volta, le circostanze oggettive della vicina città sono state organizzate in modo da ricollegare gli abitanti dello Sperone e di Palermo al mare, e di offrire lo spazio per importanti attività sociali e di svago. Con un riallineamento semplice, ma elegante, Via Messina, una grande arteria di transito parallela al litorale, è trasformata in un viale. Tutte le strade perpendicolari di collegamento giungono al viale dal parco retrostante, fornendo in questo modo un accesso diretto al lungomare dello Sperone. Anche l'area dedicata al parco è progettata in modo da ospitare una grande varietà di attività permanenti o stagionali. Il padiglione dell'artigianato, che è l'elemento più straordinario del progetto, è composto da un unico edificio a corte, emblematico della integrazione città-mare. La proposta per lo Sperone potrebbe anche fare parte dei progetti di *localizzazioni strategiche*. Esso potrebbe essere interpretato come uno schema a linea e punto, in cui la Via Messina ed il parco corrono lungo il bordo della città, e il padiglione dell'artigianato costituisce un intervento puntiforme, che domina il resto del parco.

In tutti questi progetti urbanistici Machado e Silvetti non operano distinzioni tra i fatti architettonici e la città di per sé stessa; per loro essi sono un'unica, indivisibile realtà. Inoltre, non vi è nulla di strumentalmente contingente nel loro lavoro; nulla rimane architettonicamente irrisolto in anticipazione di future condizioni urbane. Così facendo, essi evitano l'errore di attribuire indeterminatezza alle circostanze, allorquando condizioni prevalenti e idee sulla forma della città pregiudicano risultati futuri. Nel loro lavoro, essi specificano pienamente le qualità oggettive del dominio urbano e, allo stesso tempo, accennano una mancanza di precisione nelle condizioni sociali corrispondenti.

Al servizio di un programma sociale

Altre caratteristiche distintive del lavoro urbanistico di Machado e Silvetti derivano direttamente dalla loro attenta valutazione delle qualità oggettive della città. Prevalente fra queste è un coerente orientamento socio-culturale verso questioni che riguardano la realizzazione di un appropriato mondo urbano oggettivo, nel quale gli oggetti in questione possono materialmente influire sulla vita di tutti i giorni dei cittadini, e possono avere precisi significati culturali.

L'opera urbana di Machado e Silvetti è un'architettura che appartiene alla sfera del pubblico. E' largamente civica nel suo diffuso uso di logge, colonnati, porticati e piazze, e chiaramente individua il giusto posto della monumentalità nelle città. In conclusione, il loro lavoro sembra rispondere alla domanda : in quale altro luogo ci si dovrebbe aspettare di trovare questi essenziali e nobilitanti aspetti dell'esperienza umana?

Tali qualità di *civitas* e monumentalità sono usate nella loro opera in maniera non deterministica, e critica. La monumentalità della proposta per la Pershing Square e la loggia pubblica nel progetto a Times Square, per esempio, indicano una presenza pubblica e creano un ambiente civico senza ulteriori prescrizioni di comportamento. Sebbene le persone siano invitate ad intraprendere una serie di attività, la atmosfera ufficiale che si avverte all'intorno ricorda loro delle reciproche responsabilità e della cittadinanza, piuttosto che offrirgli semplicemente un informale *container* sociale.

Le Scalinate di Providence, nel risalire dal fiume, presentano più d'una delle stesse qualità. La monumentalità del progetto della Scalinata è resa dal fatto che essa sale e si biforca solennemente, creando una robusta cornice per gli edifici che sorgono ai suoi lati. Opportunità non prescritte per molte attività di tutti i giorni e incontri sociali di natura informale sono anche evidenti. In progetti quali la Porta Meridionale e il porto dello Sperone, è presente il tentativo di inventare condizioni spaziali per la condotta della vita civile, piuttosto che accettare semplicemente le norme stabilite. Grandi parchi urbani sono previsti in entrambi i progetti, per le abitudini tradizionali della popolazione locale, tipo passeggiate serali e picnic domenicali. Nello schema di Machado e Silvetti per lo Sperone la preoccupazione per tali abitudini culturali si spinge oltre : essi rielaborano e ripropongono l'antico rito di segnare, con una processione religiosa annuale, i limiti della città. E' attraverso questa chiusura e completezza architettonica profondamente civica che i loro progetti rimangono socialmente aperti e non prescrittivi riguardo ad una miriade di eventi informali.

Un secondo contributo pubblico e socialmente avanzato dell'architettura urbana di Machado e Silvetti è la presenza di torri, come quelle di Leonforte in Sicilia e del Sesquicentennial Park a Houston, e le sale pubbliche in cima agli edifici, come quelle ad Este in Italia, che sembrano voler stabilire abitazioni pubbliche nei punti più elevati così come a terra.

Questi interventi, tuttavia, non sono semplicemente retorici. Essi sono un tentativo di permettere ai cittadini comuni di riconquistare la conoscenza delle loro città, divenuta un diritto quasi esclusivo delle élites sociali. Si tratta di un atto di potenziamento che rende la città meglio conoscibile, visualmente reale e comprensibile. Anche le "corone" ed i "cappelli" che appaiono sullo *skyline* di molti progetti di Machado e Silvetti rispondono simbolicamente a questa funzione pubblica, piuttosto che nasconderla discretamente dietro allo schermo murario degli edifici. La pista da corsa sopra l'University Center della Carnegie-Mellon ha lo stesso significato, ed anche stabilisce un reciproco rapporto tra il tetto e il ben riconoscibile spazio pubblico della strada sottostante.

A livello più funzionale, l'insistenza programmatica di edifici a destinazione d'uso multipla e la non unilateralità di intento negli spazi pubblici offrono un terzo punto focale nel programma sociale urbano di Machado e Silvetti. I progetti che riguardano la creazione di quartieri, come il porto dello Sperone e Deep Ellum, propongono una diversificata mistura di usi, basata sulla comprensione del fatto che questo tipo di sistemazioni programmatiche è necessario per creare nelle strade cittadine una qualità della vita accettabile. Ne risulta che questo tipo di decisione programmatica giustifica la adottata conformazione dello spazio civico, piuttosto che il ricorso ai soliti canali di analisi del mercato della proprietà. Allo stesso modo, la presentazione non solo di scelta, ma anche di opportunità, nei progetti di piazze pubbliche – come le piazze Pershing e Pioneer o la loggia, lo *skywalk* e il tetto del progetto per Times Square – sono continue aggiunte, socialmente costruttive, al programma.

L'apprezzamento e il rispetto delle qualità oggettive delle città guidano inoltre Machado e Silvetti verso risposte contestuali nei loro

progetti, pur senza retorica storicistica o eclettismo. Ovunque possibile, essi sono fondamentalmente guidati da un atteggiamento conservazionista che conferma l'alto significato della città come una entità fisica percettibile. Interventi costruttivi posti in contesti esistenti, quali quelli di Leonforte ed Este, sono relativamente modesti in termini materiali, eppure sono notevolmente strategici nella misura in cui invitano ad un maggior senso di coscienza e responsabilità pubblica per il rispetto del campo fisico della città.

Sotto un profilo un po' differente, il progetto per lo Sperone, ricongiungendo una zona degradata con la costa, non solo dà al quartiere una nuova qualità della vita, ma anche contribuisce a realizzare un'importante connessione spaziale, che era stata temporaneamente sospesa da precedenti, utilitaristici sviluppi della linea di costa. Il progetto suggerisce una certa inevitabilità, o appropriatezza al di fuori del tempo, di questa relazione fisica, che supera le interruzioni funzionali. In un altro modo, la virtuale porta formata dall'incrocio autostradale alla periferia della moderna Palermo, assume credibilità figurativa e permanenza.

Inoltre il linguaggio dell'architettura urbana di Machado e Silvetti porta avanti un atteggiamento conservazionista positivo, non letterale, verso la città. Le composizioni sono invariabilmente razionali e contemporanee, eppure altre qualità formali degli edifici e degli spazi pubblici conservano una piacevole familiarità. Un grado di astrazione e retorica quiete è presente, ma un gusto per un eterogeneo sottostrato di riferimenti formali locali assicura continuità con i luoghi circostanti o vicini. La proposta per l'University Center alla Carnegie-Mellon esprime entrambi questi aspetti. Il linguaggio formale industriale è notevolmente legato con gli elementi locali, mentre il complesso proposto ha un carattere decisamente attuale che non è presente nei riferimenti immediati.

Infine, il modo di rappresentare le scelte del punto di vista, dato che alcuni di questi progetti rimangono irrealizzati, fornisce interessanti indicazioni su un implicito orientamento sociale. Il disegno delle piante nelle loro rappresentazioni urbanistiche è importante e tenuto in grande considerazione, sebbene sia piuttosto lineare. La loro ricerca per un ordine formale tende a idealizzare edifici e strutture urbane piuttosto che cercare di riconoscere o sfruttare quelle cosiddette forze che potrebbero coincidere con un luogo in particolare. Vi è, in questo atteggiamento, una sensibilità rivolta al migliore impiego di spazi ben funzionanti.

Il ripetuto uso di prospettive costruite geometricamente che esplorano e spiegano le qualità visive degli schemi, è anche interessante e coerente con l'interesse di Machado e Silvetti per i problemi sociali. Un ritorno della città a una condizione centrata sul soggetto, per esempio, coincide con il loro desiderio di rendere meno aliene le aree urbane. L'uso della prospettiva non è ideologico, nel senso che non si vuole riecheggiare la posizione dell'uomo al centro dell'universo, ma riguarda innanzitutto la misurazione delle realtà visibili. I disegni del progetto per Leonforte, e in particolare per la torre, sono stati calibrati accuratamente per mostrare cosa può essere visto da questa, piuttosto che per sottolineare una qualche questione filosofica.

Invenzioni speculative

Un'ultima prominente caratteristica dell'opera urbanistica di Machado e Silvetti è il loro desiderio di indagare su nuove possibilità formali. Per loro, una capacità inventiva è essenziale al disegno urbano; questo è un atteggiamento che deriva da un profondo interesse per la conformazione fisica delle città. Ogni volta che ciò è possibile, la loro opera manifesta la necessità di portare questo contesto fisico nel regno dell'architettura. La loro non è semplicemente una posizione polemica, ma un modo di corrispondere alle problematiche progettuali sollevate dalle moderne condizioni urbane.

La rampa e la torre nella proposta per Este, dove sia l'allineamento programmatico, sia la risoluzione formale degli spazi all'interno della torre sono ben poco ortodossi, servono come esempi di tale posizione. In ordine ascendente : a piano terra figura una grande loggia pubblica, poi abbiamo una sala basilicale, che termina la rampa con un ponte ed è coperta da un tipo di progetto senza precedenti per una piattaforma-giardino. Uno dei fini formali del progetto è provvedere una armatura e contribuire a riunificare un contesto urbano altrimenti ambiguo, incompleto e tipicamente moderno.

Sebbene gli interessi speculativi di Machado e Silvetti non si riducano mai semplicemente ad una questione di riscoperta o reinvenzione di forme, essi non sono utopistici. Machado e Silvetti non presentano mai proposte che siano in netta disgiunzione con il corrente modo di fare le cose; la loro modernità è fermamente basata su una estrapolazione delle condizioni culturali e tecniche odierne. La veridicità tecnica e la specificità materiale sono requisiti essenziali dei loro progetti, in modo da renderli allo stesso tempo reali e credibili.

Nel progetto della Porta Meridionale, per esempio, non vi è il tentativo di proporre nuove forme di sistemi di trasporto. Piuttosto, una condizione di infrastrutture urbane che ha di fatto eluso considerazioni architettoniche, in particolare la autostrada, è stata progettata ben oltre il solito soddisfacimento dei requisiti ingegneristici. Come risultato di questo intento speculativo, uno svincolo autostradale è diventato un monumento civico ed una tangibile porta per Palermo. Allo stesso modo, nel progetto per Times Square, la cima aggettante dell'edificio si estende molto al di sopra della città, come un gigantesco tendone, creando un senso di chiusura ed unità per l'intera strada e tutta la sua sezione trasversale, piuttosto che soltanto nei piani più bassi dell'edificio. La proposta per il Sesquicentennial Park va ancora oltre, in quanto offre una cornice per il movimento quotidiano di automobili, realizzando così immediatamente un pieno impatto culturale. L'impulso dinamico delle rampe sfreccia e si innalza nello spazio, e appare in parte scultura e in parte passaggio utilitaristico.

Attraverso queste speculazioni formali, Machado e Silvetti manifestano un ottimismo per il quale molte condizioni urbane poco o per nulla affrontate possono trovare una risposta all'interno di un ambito architettonico. La loro, lungi dall'essere un insoddisfatto impeto progressivo, è una convinzione profonda che le reali circostanze civiche possono nascere da speculazioni oggettive.

Peter G. Rowe
Raymond Garbe Professor of Architecture and Urban Design
Chairman, Department of Urban Planning and Design

Nota alla Descrizione dei Progetti

I progetti scelti per questo catalogo rivelano il nostro atteggiamento ed approccio veso la costruzione degli edifici nella città. In modo da documentare pienamente ciascuno dei progetti inclusi nel catalogo, pur avendo dovuto necessariamente ridurre la lunghezza dei testi originali, abbiamo comunque mantenuto inalterate le elaborazioni teoriche e concettuali ed anche la terminologia, appropriata alle polemiche del tempo. Dato che la maggior parte di questi testi furono scritti in diverse circostanze – mostre, articoli e pubblicazioni, con-

corsi, incarichi, eccetera – la natura e le modalità del discorso variano da testo a testo; abbiamo deciso di conservare tali differenze nel testo, invece di ricercare uno stile comune. Sebbene i testi qui riportati non siano quelli originali, crediamo di averne conservato lo spirito, il contenuto ed il sapore legati alle particolari circostanze da cui scaturìrono. Il lettore che fosse interessato alla lettura dei testi originali troverà nel catalogo una bibliografia selezionata su ciascun progetto.

Nell'odierno conflitto tra parole ed immagini nel mondo dell'architettura, non vi è dubbio, per noi, che il vincitore è sempre il progetto. Noi non crediamo in un'architettura la cui comprensione è legata indissolubilmente al testo. Sebbene i disegni ed i plastici non possano rimpiazzare la reale esperienza dell'architettura, essi sono tuttavia ancora il linguaggio privilegiato attraverso cui l'architetto può comunicare le sue idee.

Desideriamo ringraziare il Comune di Caltagirone, in Sicilia, per il suo generoso contributo, che ha consentito la redazione di questo catalogo e l'allestimento della mostra dei nostri lavori, che si terra' dal 4 al 21 Aprile, 1989, alla Gund Hall Gallery della Graduate School of Design della Harvard University.

Rodolfo Machado
Adjunct Professor of Architecture and Urban Design
Jorge Silvetti
Professor of Architecture in Design and Design Theory

Insediamento Residenziale a Roosevelt Island, 1975 New York, New York

Date le circostanze storiche, culturali e contestuali che contraddistinguevano il concorso per un insediamento residenziale a Roosvelt Island, la nostra proposta progettuale (cfr. elenco dei collaboratori) non poteva limitarsi a soddisfare solamente le richieste del bando di concorso. Moltissime proposte erano caratterizzate da tentativi di migliorare l'attuale situazione dell'edilizia residenziale, mentre altre abbozzavano piani per utopie culturali o tecnologiche. Il nostro gruppo, invece, interpretò il concorso come un'opportunità per esplorare una serie di problematiche sul tema della residenza. In questo senso la nostra proposta progettuale fa parte di una riflessione più generale sull'ideologia architettonica; e cioè sul problematico e complesso tema – che caratterizzò il dibattito a metà degli anni settanta – della *produzione di significato* nella progettazione e nella costruzione.

La progettazione delle abitazioni, in particolare, ci permise di affrontare il problema attraverso la contrapposizione di *architettura* e *residenza*; una dicotomia che, in quegli anni, la disciplina architettonica considerava come irrisolvibile, nonostante il desiderio dell'architettura moderna di generare una nuova architettura da nuovi programmi come quelli residenziali. Dopo i primi eroici tentativi del movimento moderno, l'edilizia residenziale si materializzo' principalmente come *costruzione simbolicamente neutrale*, dove l'enfasi dominante era posta sugli aspetti della produzione. Questo approccio portò ad una situazione di stallo in cui, invece di creare una "nuova architettura", emerse una dicotomia, che consentiva o *architettura* o *residenza*. L'effetto ideologico di questa opzione fu di celare la funzione simbolica dell'architettura e dei suoi specifici determinanti politici. Se il progetto avesse operato al di fuori di questa falsa dicotomia, avremmo potuto contribuire a svelare alcuni dei supporti ideologici che avevano prodotto tale situazione di stallo e aiutare a interromperlo. Questo atto "critico", portato avanti attraverso lo strumento del progetto, è stato per noi l'aspetto più interessante del concorso.

Lo spostamento dell'attenzione verso questo nuovo obiettivo, come si vede nella proposta di progetto, fu effettuato introducendo il vocabolario formale e funzionale offerto dall'architettura di New York: il muro – come esemplificato da Park Avenue – le torri e le *townhouses* – viste come i tipi architettonici residenziali per eccellenza della città – e le *streets* e le *avenues* utilizzate come elementi strutturanti. In questo modo abbiamo coscientemente prodotto il progetto senza il controllo dei codici puramente architettonici del tempo; sottoponendolo invece ad altri determinanti e strutture logiche per la produzione di significato.

Il progetto si basa principalmente sul vocabolario formale e sui sistemi funzionali offerti dall'architettura della città stessa. Dopo avere accettato la città *come è* ed avere assunto le sue tipologie architettoniche dominanti come elementi basilari del nostro vocabolario, queste sono state sottoposte ad un processo di progettazione che ricerca significato attraverso mutue articolazioni, sovrapposizioni e connessioni. Per noi, questo approccio rappresenta un modo nuovo di analizzare ed interpretare la città, aiutandoci così a generare proposte urbanistiche al di fuori della norma.

Le operazioni progettuali sono dunque basate sulla *trascrizione*, che trasferisce le tipologie esistenti dalla città, e sull'*articolazione*, nella quale i tipi sono concepiti come frammenti. Questi frammenti non ricevono un trattamento particolare; sono invece i collegamenti ed i punti di contatto che finiscono per svolgere il ruolo attivo principale.

Il risultato è un nuovo insieme residenziale dove ciascun elemento resta intelligibile, ma tuttavia profondamente trasformato, per il suo rapporto, nuovo e reciproco, con gli altri elementi. Questa strategia, che si basa fortemente sul materiale offerto dalla città e concentra lo sforzo progettuale sulle connessioni piuttosto che sugli oggetti, svincola il progetto di edilizia residenziale a Roosvelt Island dalla tirannia di un unico contenuto, e lo apre ad una molteplicità di significati, che è in sé stessa una metafora della vita urbana. La residenza è in questo modo libera di operare simbolicamente a molti livelli sociali ed individuali.

Le Scalinate di Providence, 1978
Rhode Island School of Design
Providence, Rhode Island

La Rhode Island School of Design (R.I.S.D.) sorge su un'area caratterizzata dalla mancanza di definizione fisica. Si differenzia infatti da molti *campuses* universitari americani in quanto le strutture di supporto della scuola si sono sviluppate tra i fabbricati esistenti nella città di Providence, a Rhode Island. R.I.S.D. non gode di alcune tra le più tipiche caratteristiche dei *campuses*, quali un centro vero e proprio, confini ben definiti, mura ed ingressi. Attraverso la acquisizione di edifici esistenti – tra cui una banca, una chiesa, delle fabbriche, dei magazzini, e delle case – e l'aggiunta di nuove costruzioni su lotti tipicamente urbani, R.I.S.D. si è estesa dentro il tessuto della parte più antica di Providence, contribuendo in questo modo alla conservazione delle qualità urbane del centro storico.

Tra gli scopi del progetto delle Scalinate di Providence, quello dominante è di creare spazi urbani positivi e tangibili laddove allo stato attuale ci sono solo vuoti o lotti non utilizzati. Gli spazi aperti esistenti sono riprogettati in modo da formare giardini, piazze e assi di circolazione, mentre le nuove strutture del progetto ricevono un'attenta considerazione all'interno dei loro rispettivi contesti, permettendogli di generare nuovi spazi pubblici. Le scalinate agiscono funzional-

mente, espressivamente e simbolicamente come il più importante elemento tematico del progetto. In particolare, le scalinate affrontano il problema, preponderante nel *campus* di R.I.S.D., delle irregolarità topografiche, che attualmente impediscono comodi collegamenti tra molte parti del *campus*.

Dai piedi della collina, lungo la riva del fiume Providence, fino alla cima, dove si trova l'ultimo edificio della R.I.S.D., una serie di scalinate collega le disperse strutture della scuola. Le scalinate offrono un percorso di circolazione funzionale, e contengono le parti di un componimento narrativo urbano che si spiega in entrambe le direzioni attraverso una serie di elementi architettonici controllati.

Le scalinate monumentali che iniziano a Market Square vicino alla base della collina hanno le qualità di una "grande scalinata urbana" di accesso alla città, servendo contemporaneamente vari scopi, da quelli meramente circolatori, a quelli più altamente cerimoniali. La seconda serie di scale, che va da Frazier Terrace a Waterman Street, perde l'aspetto spettacolare della grande scalinata e fa da elemento di transizione dall'atmosfera monumentale, urbana e pubblica a quella da giardino, istituzionalmente privata e più intima, delle zone in cima alla collina.

Continuando a salire verso la zona dei dormitori e del refettorio, le scale stabiliscono un'atmosfera completamente differente di spaziosità e serenità, acquisendo le caratteristiche di un vero e proprio giardino. Sul lato orientale, un gruppo di scale circolari serve sia funzionalmente sia formalmente come un'entrata al *campus* e come un collegamento tra R.I.S.D. e Brown University – un collegamento che rimane non articolato, principalmente a causa delle irregolarità del terreno. Vicino a questo elemento d'ingresso vi è gruppo di ampie scale; queste definiscono spazialmente il *green* – che può essere usato come campo d'atletica – ed anche raddoppiarsi come tribune. L'ultima scalinata in cima alla collina fa da ingresso al Woods-Gerry *mansion*, dove hanno luogo le principali esposizioni e si tengono anche delle lezioni. Questo elemento esalta sia la culminazione del percorso, sia la carriera educativa nelle arti, e fissa le più importanti idee del progetto in un solo oggetto poetico.

Il tema principale, cioè quello di trasformare visivamente e funzionalmente il luogo in un insieme con una unica identità, contraddistingue le scalinate come la più potente caratteristica del progetto; allo stesso tempo, il progetto dipende da nuovi edifici e ristrutturazioni per contenere la maggior parte del programma funzionale.

Le esigenze della R.I.S.D. hanno generato un programma attento e generoso, nel tentativo tanto di animare la vita del *college*, quanto di assolvere ai requisiti funzionali della scuola. Con la sola eccezione del nuovo *faculty club*, la maggior parte delle nuove strutture di supporto sono ad uso degli studenti. Questa interpretazione del programma per le Scalinate di Providence implica una risoluzione attenta e formale del progetto, per rispondere alla speciale natura della R.I.S.D., con la sua tradizione di progettazione, ed alle aspettative dei suoi studenti.

Lungo tutto l'intervento, quindi, gli edifici e gli spazi sono progettati per essere esemplari: in modo che da loro si possa attingere ed imparare, facendo da sfondo al lavoro degli studenti. Così, i tipi di edifici, materiali, spazi ed elementi architettonici sono tutti posti in maniera da esprimere le loro vere nature ed essenze: colonne, porte, ingressi, portici, gallerie, scale, mura, la cupola ed il campanile, mentre rispondono alle loro specifiche funzioni, si mostrano in una continua esibizione che supporta la narrativa urbana.

Nel passare in rassegna il progetto per le Scalinate di Providence, l'osservatore dovrebbe considerare attentamente le seguenti questioni. In prima istanza, le implicazioni-dimenticate nel recente passato –

rispetto all'architettura: che la pianificazione urbanistica, le sistemazioni paesaggistiche e l'architettura degli interni sono tutte specifiche questioni architettoniche, di cui qui ci si è riappropriati; e che il progetto è sia architettura che urbanistica, a loro volta inseparabili.

Inoltre, il progetto incorpora le possibilità ed il valore di una "duplice azione": prima di tutto, utilizza l'intero spettro delle idee architettoniche, piuttosto che derivare da una ideologia restrittiva; secondo poi, tenta di trascendere tutto ciò nella speranza che possa emergere una nuova forma architettonica.

Infine, il progetto risponde ad una seria esigenza programmatica: modellare una scuola di arte, un luogo dove le tematiche della bellezza, del contenuto iconografico, e le relazioni tra le arti e l'espressione personale, sono tutti elementi presenti nelle menti dei suoi frequentatori. E' quindi necessaria una serie di immagini che offra sia materiale denso e significativo per futuri interpreti, sia un solido supporto per i sogni dei giovani artisti.

Market Square e Memorial Steps Nel progetto per la ristrutturazione del Memorial Hall, il centro per gli studenti, tentiamo di risolvere la connessione tra Market Square e Benefit Street, dato che il Memorial Hall ora agisce da barriera tra i servizi della R.I.S.D. sul fiume e quelli in cima alla collina. Le principali aggiunte includono un piccolo auditorium e la grande scalinata, che avrà ruoli sia cerimoniali che di circolazione. I progetti per le nuove facciate del Memorial Hall e del Museum of Fine Arts rispondono al forte desiderio della istituzione di rendere il museo più accessibile alla città e di presentare un "nuovo volto" verso il distretto finanziario del centro.

Una sensazionale ristrutturazione della storica Market Square risponde alla forte volontà della comunità di Providence di recuperare il proprio fiume, ormai quasi sparito sotto gli aggetti delle strade e dei parcheggi. Le prime scale, le scalinate del fiume, gentilmente risalgono dalla riva, fino ad incontrare Market Square, offrendo il primo collegamento simbolico e fisico tra R.I.S.D. e Providence.

Frazier Terrace L'espansione del dipartimento di fotografia, con l'inclusione di una nuova aula e di una sala per esposizioni, permette la trasformazione dell'esistente Frazier Terrace in una piazza urbana in cui convergono i principali assi di circolazione che si incrociano a Benefit Street. Come uno spazio urbano, con una scala appropriata alla qualità familiare della strada, serve da contrappunto alle più cerimoniali scalinate dell'area di Market Square. La nuova espansione del Museum of Fine Arts della R.I.S.D. completa l'allineamento degli edifici sull'isolato. In questa piazza la natura si fonde con gli elementi urbani, come una anticipazione dei giardini soprastanti.

Il Refettorio e i Dormitori Le scalinate del giardino sono incorniciate dalla aggiunta di nuovi dormitori, servizi per il club fotografico degli studenti, una terrazza per il refettorio, ed una serie di aule, culminanti con il porticato che circonda la cupola. I nuovi dormitori ospitano gli studenti dell'ultimo anno, gli studenti dei corsi avanzati ed i professori in visita alla scuola. In cima c'è il *faculty club*, una struttura a doppia altezza con vista su Providence.

Il progetto della cupola ha un forte intento simbolico in quanto ospita la classe di disegno degli studenti del primo anno. Questo è un corso in cui le matricole imparano a disegnare dal vero ed a conoscersi tra loro. La collocazione di questa aula al centro del *campus* sintetizza lo spirito dell'istituzione nel nostro progetto. L'area delle scalinate del giardino diventa un centro dove converge tutta la comunità della R.I.S.D., aiutando ad integrare l'istituzione ed a risolvere le deficienze programmatiche delle attuali strutture di servizio.

Il Green e il Woods-Gerry Mansion Il *green* è oggi una delicata distesa d'erba dove hanno luogo varie attività all'aperto. Sfruttando le caratteristiche del terreno, il progetto per la piscina al coperto è posto per metà sotto terra, in rapporto al *green*, creando sul tetto una comoda scalinata che serve da tribuna e *solarium*, oltre a definire il confine del *green*.

Il progetto per l'ingresso al Woods-Gerry *mansion* risolve lo strano accesso dal retro all'edificio. Dato che il programma richiede di risolvere soltanto la circolazione verticale, la scalinata finale è data come una scala-oggetto, un oggetto d'arte "trovato", ed una stanza giardino, che segna la fine del "viaggio" degli studenti e riassume la loro educazione nelle arti, oltre a sintetizzare i principali elementi formali, funzionali e simbolici del progetto.

Pioneer Courthouse Square, 1980
Portland, Oregon

La città di Portland programmò di costruire una importante piazza pubblica in un'area nei pressi del Palazzo di Giustizia, al centro della città. La proposta progettuale identifica in questo contesto fisico alcune forti caratteristiche : la griglia quadrata, di piccole dimensioni, del centro di Portland; la configurazione a "stanza" dell'area, in cui il vuoto è definito dalle alte pareti degli edifici circostanti; la natura classica di "oggetto" del Palazzo di Giustizia, la Pioneer Courthouse, con la sua frontalità ed assialità che biseca visivamente l'area; e, infine, la topografia del luogo, una piazza piatta che degrada diagonalmente per 9 piedi (2.7 metri), a partire dall'angolo tra Broadway e Yamhill Street.

Il progetto si propone di creare un tipico spazio pubblico urbano americano, caratterizzato da: *flessibilità* – uno spazio che può permettere vari usi e allo stesso momento accettare cambiamenti fisici futuri senza perdere la propria particolarità; *leggibilità* – affinché questo spazio parli un linguaggio facilmente comprensibile e trasmetta un'atmosfera appropriata per una molteplicità di funzioni pubbliche; e *durabilità* – uno spazio che si pone al di là delle mode odierne, calmo ed esteticamente duraturo. Il progetto rispetta ed esalta le caratteristiche fisiche dell'area, producendo una piazza che funziona sia simbolicamente che funzionalmente.

Lavorando con queste idee e questi obiettivi, il progetto si sviluppa all'interno della griglia ortogonale della città, divisa in quadrati di 40 piedi (12.2 metri) per lato, definita dalle dimensioni e dalla posizione del Palazzo di Giustizia, la Pioneer Courthouse. Tale concetto riesce a rafforzare la presenza del Palazzo di Giustizia, mediante il riconoscimento della sua frontalità e la rispondenza alla sua assialità. Questa si ottiene collocando, al limite opposto della piazza, una serra che bilancia la posizione del palazzo all'interno dell'area. L'ingresso centrale ed aperto della serra stabilisce un forte rapporto architettonico con il Palazzo di Giustizia sul lato opposto della piazza, eliminando quel senso di indifferenza che attualmente domina il tratto di Broadway Street che si affaccia sull'area.

Con la collocazione della serra sul lato opposto della piazza si ottengono tre scopi : primo, la più vasta area possibile è assegnata alla piazza vera e propria; secondo, si completa l'allineamento degli edifici lungo Broadway; terzo, la posizione della serra consente di percepire una piazza più grande, e di considerare chiaramente la Pioneer Courthouse come una delle sue parti.

Per rinforzare l'appropriazione di questo spazio da parte del progetto, quattro alti pennoni e proiettori per eventi speciali sono posti agli angoli della "grande piazza", che in questo modo è occupata da due oggetti principali – il Palazzo di Giustizia e la serra – entrambi condividendo un'area comune : l'uno istituzionale, l'altro ricreativo;

l'uno opaco, l'altro trasparente, l'uno in granito, l'altro in vetro. Come risultato di queste scelte, Pioneer Square è legata al *mall* della Fifth Avenue, un risultato che produce chiarezza di organizzazione e generosità di scala nell'intero centro di Portland.

Nella proposta di progetto vi sono tre elementi principali : la piazza, la serra e numerosi elementi minori. La piazza stessa è un'arena pubblica, che potrebbe servire per mostre all'aperto e come palcoscenico. Potrebbe inoltre diventare una tribuna per spettacoli su un palcoscenico più formale, formato dal passaggio aperto attraverso la serra.

La serra è un edificio aperto, con entrate multiple che si trovano ai livelli inferiore e superiore, al centro ed alle estremità. I passanti possono passeggiare attraverso lo spazio fiancheggiato da alberi, all'interno della serra, o acquistare il biglietto per accedere alle mostre, mentre terrazzi e panchine che si affacciano sulla piazza offrono luoghi per riposare e godere il panorama.

Gli elementi minori – alcuni complementari alla serra, altri autonomi – sono strutture tipiche dei parchi e delle piazze, come fontane e pergolati. Questi elementi includono uno spazio coperto sull'angolo della Fifth Avenue, con un centro di informazione ed una fermata dell'autobus; una *promenade* che costeggia dall'alto Yamhill Street con file di fioriere, panchine e cipressi; un roseto lungo Morrison Street; e le scale ellittiche che scendono nell'edificio all'angolo tra Broadway e Morrison Street, che potrebbero servire da piccolo teatro all'aperto.

La duplice natura del progetto per la piazza – sia informale che cerimoniale, sia per il singolo individuo che per gruppi di persone – deriva dal fatto che si sovrappongono un *asse civico* lineare, simmetrico e monumentale, e *percorsi casuali* – non lineari e asimmetrici, individuali ma allo stesso tempo appartenenti a tutti – creando una varietà di punti focali nella piazza.

Quattro Piazze Pubbliche, 1983
Leonforte, Sicilia

Leonforte è una città mediterranea paradigmatica del 17° secolo, che presenta notevoli idee urbanistiche, ed il cui tracciato originario del 1610 riflette interessi umanistici. Strutturata lungo un asse lineare, coincidente con una valle, è antropomorfica nella sua organizzazione tripartita: la *testa* include il palazzo, la piazza, le stalle e la cattedrale; *l'ombelico*, la Piazza Margherita; ed i *piedi*, la porta verso Catania. Questi tre punti caratteristici lungo un asse sono determinati dai rapporti della sezione aurea. Verso ovest, la città antica domina una valle coltivata, una porta ed un'antica strada per Palermo. Verso est, le antiche mura della città ed una porta si aprono verso il *piano della scuola*, il campo della scuola equestre, e la strada per Catania.

Leonforte prosperò nel corso degli anni grazie alle numerose sorgenti. Il suo fondatore, il principe umanista Branciforti, fece dell'acqua un tema della città e costruì il suo più memorabile monumento, la Gran Fonte, accanto a cui realizzò uno dei primi orti botanici. La Gran Fonte è un manufatto monumentale complesso che svolge vari ruoli : è una fontana pubblica, con 22 cannelle di acqua corrente; un abbeveratoio per gli animali; uno stratagemma ottico, con 22 aperture da cui è possibile osservare la valle e la città retrostante; infine, è il primo monumento incontrato dai visitatori che giungono in città dalla porta di Palermo. Queste insolite giustapposizioni funzionali – fornire acqua, fungere da belvedere, incorniciare ed organizzare il paesaggio, essere un simbolo della città – diventano aspetti significativi nel nostro progetto.

Nel corso degli ultimi due secoli, Leonforte è cresciuta oltre le mura, generando alcuni spazi pubblici indefiniti, residui della scuola equestre, che sono stati presi in considerazione in questo progetto. La moderna espansione di Leonforte ha seguito una strategia di pianificazione indifferenziata, risultando in un trasferimento delle attività e dei servizi in nuove aree, dove si è sviluppato un nuovo centro, e determinando di conseguenza il deterioramento del centro storico.

Nel programma la città richiedeva la riorganizzazione e riprogettazione di quattro spazi pubblici esistenti, specificando soltanto che gli eventi civici e ricreativi più importanti dovevano svolgersi nella piazza principale. Il programma specificava che il mercato settimanale doveva continuare a tenersi nella piazza adiacente alla chiesa di San Francesco, ma richiedeva strutture non permanenti. Fu anche incoraggiata l'inclusione di uno spazio all'aperto per manifestazioni artistiche e culturali.

Il progetto propone un modesto intervento nell'espansione moderna, che avvierebbe il processo di reintegrazione e rigenerazione del centro storico della città. Invece di seguire un'analisi impostata su operazioni astratte su uno schema bidimensionale, abbiamo elaborato e strutturato un progetto basato sull'analisi degli assi visivi significativi e degli attributi architettonici ed urbani esistenti. Ne risulta una rete di assi e nodi correlati, che costituisce la armatura del progetto.

Un'analisi della tipologia dell'architettura della città offre la linea di condotta per le scelte figurative operate per l'architettura delle quattro piazze. Le forme più elementari e memorabili che informano il programma simbolico ed iconografico di Leonforte sono il *quadrato* (cubo), rappresentato dal Palazzo Branciforte; il *rettangolo* (prisma), la Piazza Branciforte e le stalle; ed il *cerchio* (cilindro), la Piazza Margherita.

Nella Leonforte del 20° secolo, caratterizzata come due città distinte (il centro storico e l'espansione moderna), la nostra proposta di intervento reintroduce queste forme come contrappunti a forme già esistenti; esse possono essere viste come volumi costruiti in granito rosso per la nuova Piazza Carella, la piazza del Piano della Scuola, e la Piazza del Mercato Nuovo. Emergendo come figure tridimensionali dal terreno, le nuove forme scoprono un substrato d'acqua che ristabilisce, nella moderna espansione di Leonforte, la presenza di quella che una volta era la più importante risorsa della città.

L'iconografia della lunga Piazza del Piano della Scuola – la cui forma ricorda quella di un anfiteatro – è dedicata alle tradizioni equestri della città; statue equestri orientano i passanti verso importanti nodi urbani. La nuova piazza del mercato è una riproposizione, sia formale che funzionale, della vecchia Piazza del Mercato, con la sua fontana rotonda che ancora il mercato settimanale. In Piazza Carella, il luogo d'incontro più importante e rappresentativo di Leonforte, l'idea di spazio pubblico è monumentalizzata dall'emergenza del cubo di granito rosso; la sua precisa posizione è generata dall'unica facciata del luogo (Palazzo Carella), capace di strutturare uno spazio pubblico.

L'elemento architettonico più caratteristico del progetto, la torre di Leonforte, è localizzato accanto alla Chiesa dell'Annunziata, in un importante nodo dove confluiscono l'asse principale della città vecchia ed un asse perpendicolare alla moderna Piazza Carella. Grazie alla sua precisa localizzazione e configurazione, la torre *reinventa* Leonforte; non solo è un nuovo monumento con caratteristiche eccezionali, visibile da numerosi punti-chiave della città, ma è anche un manufatto complesso e multifunzionale, da cui la città può essere riscoperta e ricomposta nella mente dell'osservatore. Servendo da contrappunto alla Gran Fonte – che appare come un muro della città – questo nuovo monumento è presentato come un inatteso tipo edilizio, una torre.

Quantità e *dimensione* – due aspetti raramente affrontati in architettura – sono i temi dominanti dell'architettura della torre. Poiché l'intento principale della torre è di essere un *monumento*, la sua architettura deve essere tipologicamente chiara e mettere in mostra alcune qualità straordinarie (n.d.t.: "extraordinary" nel testo inglese). E' questo "extra" che pone la questione quantitativa, a cui si risponde seguendo la logica interna del tipo edilizio. Se la caratteristica fisica di una torre è la predominanza della dimensione verticale su quella orizzontale (al contrario del muro, cioè la Gran Fonte), la sua caratteristica funzionale è di offrire un punto di vista particolare da una posizione imprevista. Cosi' la torre di Leonforte diventa straordinaria nell'esagerare la sua funzione caratteristica e nel produrre i suoi effetti in *eccesso*. Lungo le scale, telescopi e stratagemmi ottici perforano il muro e focalizzano la vista su aspetti specifici della città. Cosi', come la Gran Fonte compiva l'ulteriore impresa di relazionare la città alla valle agricola incorniciando il paesaggio, la torre riunifica la separata Leonforte del 20° secolo, ricomponendone insieme i più importanti monumenti ed eventi urbani. Inoltre, data la sua particolare posizione, la torre può essere vista da quasi tutte le parti della città. Arrivando in cima il visitatore emerge su un' "isola" circondata dall' acqua di una fontana, riempita fino all'orlo, che a volte straripa sulla facciata principale della torre.

Construita in tufo locale e acciaio corten, la torre è progettata secondo leggi ottiche e prospettiche, e può accettare nuovi stratagemmi ottici qualora a Leonforte siano costruiti o riconosciuti nuovi monumenti od eventi urbani memorabili. La torre è alta 24.6 metri (81 piedi), l'esatta lunghezza della Gran Fonte, un fatto testimoniato dall'incisione della facciata della Gran Fonte, tracciata sul lato meno pubblico della torre.

La Torre di Times Square, 1984
New York, New York

Il progetto per la Torre di Times Square, all'incrocio tra Broadway e la Settima Avenue a New York, propone due edifici collegati da un ponte che attraversa la Quarantaduesima Strada. In un'area culturalmente attiva e geometricamente anomala, che ne condiziona l'architettura, il progetto non interviene nel tessuto della città circostante, formato dalla griglia di Manhattan. Si tratta invece di un edificio-oggetto indeformato, in asse con la linea bisettrice dell'angolo formato dall'incrocio tra Broadway e la Settima Avenue. La sua dimensione, relativamente grande rispetto al vuoto che occupa, gli conferisce una natura figurativa ambigua. Il progetto non appartiene ad un tipo architettonico chiaramente riconoscibile, come ad esempio il grattacielo; esso è, piuttosto, un assemblaggio di tipi vecchi e nuovi. In questo modo il progetto è espressione di un atteggiamento moderno ed al tempo stesso culturalmente radicato, piuttosto che storicistico ed utopistico.

Una sala pubblica triangolare occupa il piano terreno che è circondato da colonne alte 60 piedi (18.3 metri) e di 6 piedi (1.8 metri) di diametro. Ciò forma una piazza coperta di proporzioni metropolitane, con un soffitto a cassettoni ed un pavimento in pietra, rialzato di un piede (30 centimetri) sul livello del marciapiede. Lo spazio si estende visivamente attraverso la Quarantaduesima Strada fino a una loggia che dà accesso alla metropolitana ad un portico con negozi, ingressi e ascensori. Sopra la piazza coperta si eleva una torre polifunzionale di venti piani; in cima, uno spazio commerciale alto 30 piedi (9.1 metri) domina la città. La torre è raggiungibile attraverso un ponte, pensato come una galleria a tre piani, collegato al porticato. Il ponte

permette la costruzione di spazio affittabile sopra la piazza senza l'interferenza e la privatizzazione prodotte dall'arrivo dei sistemi di distribuzione verticale. Cosi' il ponte non intende espandere né generare un sistema secondario di circolazione pedonale.

In questo progetto proponiamo di ricoprire con un tetto le strade della città – non solo i marciapiedi ma anche le carreggiate – offrendo un luogo di grande densità urbana per cui non è stata ancora sviluppata una risposta architettonica. Questo soffitto straordinariamente alto, a 20 piani sopra il livello stradale – immaginato come ali, corona, cornice, aureola o nuvola – è visibile, da una considerevole distanza, lungo le sottostanti *streets* e *avenues*. Il suo piano definisce il luogo, diventando un padiglione illuminato per il dramma umano che si svolge sulla strada.

Nel nostro progetto proponiamo una configurazione architettonica senza precedenti, che dimostra come si possa organizzare lo spazio con chiarezza formale e potenziale durabilità. Se fosse adottata, ripetuta e trasformata in diversi contesti, questa configurazione potrebbe diventare una nuova tipologia architettonica. In sintonia con ciò che noi chiamiamo una "accettazione critica", ma senza paura delle contradizione, il progetto per la Torre di Times Square accetta le attuali convenzioni del linguaggio architettonico e i mezzi tecnologici della costruzione.

Quartiere ad Este, Italia, 1984

Tra le dieci aree considerate dai partecipanti alla Biennale di Venezia (cfr. elenco dei collaboratori), quella di Este è stata scelta per varie ragioni : è un'area libera, e vi è qualcosa di realistico nel progettare su un'area libera; è un'area urbana, e noi siamo interessati all'architettura civica; rispetto alle altre aree, non è importante dal punto di vista storico; non è eccessivamente influenzata dalle condizioni all'intorno, diventando cosi' in qualche modo ambigua ed aperta ad interpretazione. Ed ancora, vi è qualcosa di moderno nella sua incompletezza ed una certa freschezza nella sua mancanza di formalità. Infine, l'area di Este è stata scelta perché permette, ed ha bisogno, di un po' di invenzione.

Il progetto presenta un programma urbanistico realistico, che include residenze, un garage, una piscina pubblica, un edificio di uffici comunali, una zona pubblica ed un monumento. Il monumento è un elemento complesso, costituito da tre parti principali : una rampa di accesso, un corpo-scala, e la torre stessa. La torre, a sua volta, risulta dalla combinazione di tre principali tipi di spazi pubblici; in ordine ascendente : una loggia, una sala basilicale ed un giardino. La loggia e la sala sono interpretazioni ortodosse di tipi presenti nella zona. Il giardino, tuttavia, non è assolutamente ortodosso, dal momento che non appartiene a nessuna tipologia conosciuta di giardino. La relazione sintattica fra le tre parti è senza precedenti, come del resto la torre stessa.

Il programma iconografico del giardino commemora e rende omaggio alla *centuriatio romana*, un sistema di partizioni e di proporzioni adottato dai topografi romani per organizzare la natura e rendere architettonico il paesaggio. Il piano di travi d'acciaio che forma il giardino sembra fluttuare in aria e reificare l'ordinamento geometrico di Roma. *Parterres* piantati a frumento riempiono la superficie del giardino tra le travi, diventando nuovi campi, librati sopra Este, che dovrebbero dare origine a nuove usanze associate con un nuovo piano del terreno che non giace sulla superficie della terra. Una scultura in bronzo, una versione ingrandita dello strumento base adoperato dai topografi romani, occupa il centro del giardino. Il giardino è orientato lungo l'asse nord-sud all'altezza delle colline a nord di Este, con cui stabilisce un silenzioso rapporto di opposte presenze.

Il progetto genera un effetto che noi chiamiamo "realismo senza precedenti" (unprecedented realism), un' *operazione critica* volta a dimostrare che una realtà costruita *diversa* da quella esistente è *possibile*. Il progetto è interessato alla produzione di *condizioni eterotopiche*, come critica al dominio dell'unità formale, e ad una tecnica di progettazione che non sia classica. E' un piano che non produce un tessuto urbano nel senso tradizionale, né aspira al controllo totale del luogo. Piuttosto, edifici-oggetto esistono autonomamente, in diretta, complessa annessione.

I disegni descrittivi e realistici prodotti per il progetto intendono convincere l'osservatore che ciò che è stato immaginato può essere reso concreto e tangibile. Infine, i disegni sono offerti come istigatori, per stabilire un precedente per chiunque voglia progettare secondo il modo del "realismo senza precedenti". Il progetto è un prodotto della passione per l'architettura, per la sua natura poetica ed il suo potere critico, che produce, a nostro avviso, condizioni che dovrebbero emanare dal lavoro e colpire l'osservatore.

Deep Ellum, 1985
Dallas, Texas

Il mancato sviluppo di Deep Ellum, un quartiere vicino al centro di Dallas, è dovuto principalmente alla presenza di una importante autostrada che lo separa dalla parte più sviluppata della città. Questo progetto consiste di un piano regolatore per Deep Ellum (cfr. elenco dei collaboratori) e della progettazione di un suo settore, la prima fase dello sviluppo. Quartieri simili a Deep Ellum si trovano in altre città americane : ci riferiamo per esempio al quartiere Folsom di San Francisco, al Fort Point Channel e al distretto del cuoio a Boston, ed alla zona del Madison/West Loop di Chicago. Come Deep Ellum, questi quartieri sono diventati aree di espansione per distretti finanziari nel corso degli anni ottanta. Il piano regolatore si ripropone di conservare alcune delle particolarità che attualmente contraddistinguono Deep Ellum, come gli edifici bassi multifunzionali; di intensificare le caratteristiche positive dell'area, come la sua natura pedonale; e di aggiungere nuovi elementi, come gli spazi pubblici. Ne deriverebbe un particolarissimo quartiere multifunzionale : commerciale, residenziale e con stabilimenti per l'industria leggera. Nel progetto, considerevole enfasi è posta sullo sviluppo residenziale; questo è strutturato su una densa rete pedonale e veicolare di strade, vicoli, gallerie coperte e piazze pubbliche, in un sistema di isolati più piccoli di quelli esistenti, accrescendo così' le alternative di movimento nell'area.

Gli aspetti più impegnativi del progetto per Deep Ellum derivano dalle contraddizioni esistenti tra l'immagine proposta nel piano regolatore ed il parziale controllo dell'area esercitato dagli imprenditori privati che ne gestiscono lo sviluppo – una situazione che porta ad una condizione urbana di indubbio sapore americano. A differenza della maggior parte degli interventi pubblici urbani in Europa, dove il comune o lo stato risolvono tali contraddizioni con espropriazioni, diritti d'espropiazione per pubblica utilità, e così' via, nel nostro caso gli imprenditori privati possono intervenire soltanto parzialmente, cercando accordi con terzi e sperando di ottenere un maggior controllo sull'area attraverso l'acquisto di tutte le aree e gli immobili disponibili. Paradossalmente, questa "imperfezione" nel sistema diventa un aspetto positivo per il nostro progetto, dato che le condizioni esistenti deviano dai presupposti del piano regolatore, permettendoci così' di sfuggire alla inevitabile omogeneità che tali piani producono se realiz-

zati senza alterazioni. Il piano regolatore diventa così' uno strumento statistico, legale e di zonizzazione, invece di costituire l'orientamento formale del progetto.

Nel nostro progetto per un settore, i principi ordinatori del piano regolatore richiedono una estensione pedonale di Henry Street, con una galleria pubblica coperta che passa attraverso un isolato esistente, definito e sagomato dall'edificazione dei margini. Questo approccio non sarebbe stato tuttavia possibile perché non era disponibile una struttura già esistente a ridosso del passaggio proposto, rendendo così impossibile il completamento del muro e della porta della galleria. Le alternative erano o di ruotare la galleria in modo che i muri cadessero all'interno dei confini della proprietà, o di affrontare direttamente questa imprevista contingenza; il nostro progetto segue quest'ultimo approccio. Sebbene fosse allettante operare una rotazione dell'asse, e la conseguente distorsione della prospettiva fosse senza dubbio urbanisticamente promettente, noi crediamo che l'estensione della strada attraverso l'isolato, come prima mossa per dare l'avvio allo sviluppo di Deep Ellum, debba contenere chiare indicazioni urbanistiche ed architettoniche, nonché essere esemplare. Inoltre, noi crediamo che questo tipo di problema debba essere risolto in termini architettonici, piuttosto che attraverso l'alterazione degli orientamenti urbanistici. Quindi, il corridoio-galleria viene mantenuto, e funziona *sui generis* all'interno del progetto.

Per il primo tratto, che va da Main Street al vicolo di servizio, la galleria è trattata come un vuoto contenuto dalle residenze, dagli uffici e dai negozi. Lungo questo tratto, la leggera copertura metallica della galleria è indipendente dagli edifici ed è parzialmente scoperta. Il secondo tratto – dal vicolo ad Elm Street – fa da contrappunto. Dato che non può controllare i margini, la galleria diventa un vuoto, che risulta dal "rialzamento" della massa dell'edificio, un alto parallelepipedo. Questo è un tipo edilizio che deriva dalla fusione delle superfici proposte per le due torri laterali indicate nel piano regolatore, ma non realizzabili per la mancata disponibilità di una parte dell'area. Sebbene le dimensioni e la sezione della galleria siano sempre le stesse per tutta la sua lunghezza, nei due tratti si riscontrano condizioni spaziali differenti : una risulta dallo spostamento orizzontale dei volumi, l'altra da uno spostamento verticale. Questa reciprocità tra solidi e vuoti è enfatizzata dalla fessura nel tetto, che permette ai passanti di vedere il cielo e la massa imponente dell'alto parallelepipedo, il cui piano inclinato riflette la lunghezza della "nuova" Henry Street. Questo approccio consente alla strada di essere maggiormente articolata e più varia del previsto, e di stabilire una sequenza aperta, urbanisticamente più appropriata, piuttosto che una composizione chiusa, come indicata nel piano regolatore.

Infine, l'introduzione del parallelepipedo rialzato in una collocazione non ortodossa – in mezzo ad un isolato urbano interamente edificato, e perpendicolare alla strada – rappresenta una elaborazione ed una verifica per i nostri interessi e ricerche sulle tipologie emergenti per la città americana, con il loro distanziamento procedurale, programmatico e formale dai modelli europei e dalla città neoclassica, come pure il nostro impegno per una strategia di progettazione estetico-pragmatica di "realismo senza precedenti" (unprecedented realism) per l'architettura delle città della fine del ventesimo secolo.

Pershing Square, 1986
Los Angeles, California

Questo progetto – una piazza urbana in un quartiere denso di edifici alti –, rispecchia una interpretazione della piazza come oggetto, giardino ed edificio. Il progetto è chiaramente definito da quattro porticati ancorati a quattro padiglioni d'angolo con dei forti margini trattati a verde, idealizzati e trasparenti. Le colonne d'acciaio dei porticati, alte 50 piedi (15.2 metri), sorgono su un sistema di fondazioni con travi digradanti. I pannelli tra i muri dei porticati sono formati da una griglia metallica quadrata di 6 pollici (15 centimetri) di lato. I muri del giardino, eterei e simili a veli, trasformano lo spazio in una "stanza-giardino" di proporzioni metropolitane. Piccole strutture commerciali e chioschi sono raggruppati lungo gli ampi marciapiedi che circondano la piazza, collegati da rampe a un parcheggio esistente. Larghi sentieri di ghiaia estendono la circolazione pedonale attraverso la piazza e definiscono la terrazza centrale.

I quattro padiglioni d'angolo, pur avendo strutture e coperture simili, sono stati sviluppati in maniera differenziata. Ciascun padiglione ha due piani – travi avvolte da una maglia metallica ed evidenziate da luci al neon – che si librano al di sopra delle strade della città. Questi piani, su cui si possono annunciare gli eventi che hanno luogo nella piazza, rinforzano la presenza della piazza stessa, e possono essere visti da lontano dagli automobilisti. Gli elementi tradizionali della iconografia della autostrada sono così portati nell'architettura della piazza, e ivi trasformati.

Il padiglione a nord-est è il più semplice, una loggia monumentale che potrebbe servire come fermata dei mezzi di trasporto. I padiglioni a sud-est e sud-ovest fanno da accesso a una *promenade* per esposizioni a 15 piedi (4.6 metri) sopra il livello del terreno, con una pavimentazione in legno che crea un pergolato al livello dei porticati sottostanti. Questo è uno spazio facilmente controllabile che, con l'aggiunta di tendoni di tela e arredi da giardino, potrebbe essere utilizzato per diverse iniziative pubbliche. Nel padiglione a nord-ovest vi sono due rampe incrociate di scale – note come le "scalinate dell'oratore", un monumento alla tradizione dei comizi improvvisati di Pershing Square. Da qui, si può contemplare la scena urbana sottostante.

Il giardino riflette forme e tecniche tradizionali. Palme in *Versailles boxes* aggiungono ritmo ai margini e fanno da filtro tra la circolazione sotto ai portici e i più calmi spazi interni. Corti viali di cipressi posti dietro a marciapiedi rialzati enfatizzano i quattro portali centrali verso Olive e Hill Street. Magnolie ed alberi di agrumi, anch'essi piantati in *boxes*, incorniciano le uccelliere. Le forme geometriche regolari delle aiuole richeggiano il tracciato dei primi orti botanici, creando disegni visibili dalla *promenade* e dagli edifici alti che circondano la piazza.

Una ampia fontana circolare, collocata al centro della piazza su una superficie pavimentata in pietra, può essere coperta e trasformata in un palco per concerti. Panchine modanate in cemento alleggerito circondano la fontana. Lungo il perimetro rettangolare dell'area, spazi verdi degradanti isolano la piazza dai rumori della strada. Getti d'acqua sistemati secondo una maglia di 6 piedi (2 metri) creano una foresta di fontane più piccole intorno alla fontana centrale.

La piazza ha una forte identità, capace di caratterizzare il quartiere. La sua forte presenza le permette di funzionare come hanno tradizionalmente fatto la maggior parte dei grandi edifici pubblici, agendo sia come un potente stabilizzatore sia come un segno riconoscibile nella griglia della città. Di natura figurativa, questo progetto è dettagliato in maniera essenziale, per produrre un senso sia di permanenza che di contemporaneità. In una urbanistica di oggetti scollegati, questa tecnica di progettazione – l'oggetto pubblico svuotato – offre una possibilità originale per la formazione di spazi pubblici.

Cimitero Municipale, 1986
Polizzi-Generosa, Sicilia

Polizzi-Generosa, un piccolo paese medioevale siciliano a 2750 piedi (838 metri) sopra il livello del mare, è un centro turistico conosciuto soprattutto come accesso al Parco Nazionale delle Madonie. Il cimitero esistente, su una prominente collina fuori dal paese, domina un'ampia valle. I visitatori che arrivano a Polizzi-Generosa incontrano prima il cimitero, e oltre a questo il paese, situato su una propria collina, e proiettato su uno sfondo di imponenti montagne.

Tipicamente italiano, il cimitero è delimitato da alti muri che circondano un'area rettangolare, divisa da viali fiancheggiati da cipressi. Nel cimitero sono in uso due tipi di tumulazione tradizionalmente mediterranei : la sepoltura sotto terra e il più comune colombario, che consiste in gruppi di loculi affiancati e sovrapposti, nei quali si pongono le bare. Circa dieci anni fa, quando gli spazi del vecchio cimitero furono tutti riempiti, fu espropriato un pezzo di terreno adiacente per ampliare il cimitero.

Purtroppo, le autorità locali immediatamente livellarono la nuova area e costruirono un muro perimetrale in cemento, un nuovo edificio di servizi, ed una strada che collega il nuovo parcheggio all'entrata principale del vecchio cimitero. Avendo accettato la nostra proposta progettuale, il Comune accettò di rimuovere il muro e di riposizionare la strada; non fu tuttavia possibile modificare i movimenti di terra e il nuovo edificio. Date le condizioni del luogo e il programma richiesto per l'ampliamento, era chiaro che il nuovo progetto dovesse massimizzare la disponibilità di posti, e conferire al luogo una forte immagine di calma e purezza, che avrebbe ridonato al cimitero la sua identità e stabilito ordine nel paesaggio.

Il programma richiedeva che l'ampliamento del cimitero prevedesse sistemi di sepoltura tradizionali, e che il progetto fosse facilmente realizzabile in fasi successive. Oltre allo spazio per 100 sepolture in terra, il seguente numero di spazi – diviso in tre categorie – fu richiesto per il sistema dominante di sepoltura, il colombario : un mausoleo municipale di 350 spazi; 10 mausolei per confraternite di 250 spazi ciascuno (una confraternita è un gruppo caritatevole che ha posti di sepoltura per i suoi membri e sponsorizza altre funzioni sociali); e 40 mausolei per famiglie. Il programma doveva anche soddisfare il requisito legale di prevedere un ossario di 500 spazi per la conservazione delle ossa.

Nella proposta di progetto, l'area accoglie un cimitero nuovo distinto dal precedente. Data la posizione del nuovo parcheggio ed il livellamento dell'area, era impossibile espandere il vecchio cimitero. L'intenzione, nel nostro progetto, è di astrarre l'immagine tradizionale del cimitero e di reinterpretare i dispositivi retorici convenzionali. Dato che non vi è ambiguità nella morte, la nuova architettura mira a raggiungere il più alto livello possibile di precisione e chiarezza.

Il cimitero è organizzato su due livelli: quello superiore è un terrazzamento che contiene i mausolei per le famiglie, gli spazi municipali per la sepoltura in terra, e un belvedere. L'immagine di questa terrazza – coi cipressi e gli alti muri di recinzione che riescono a contenere la diversità stilistica dei mausolei e delle lapidi – è tipica dei cimiteri italiani.

Al livello inferiore vi sono i colombari municipali e quelli delle confraternite, ed un percorso cerimoniale. Un prato terrazzato sul tetto di questa struttura contiene le entrate ai mausolei delle confraternite, segnate da una lastra verticale di pietra su cui sono riportati il nome e il simbolo di ciascuna istituzione. Questa organizzazione delle confraternite offre *privacy* e identità, pur richiedendo meno spazio di un sistema di edifici separati. L'ossario, incassato nella porzione più bassa dell'alto muro, è posto alla intersezione delle due terrazze.

Le processioni funerarie arrivano dal parcheggio all'ingresso di ciascun cimitero, attraverso la strada che li separa. Nel caso del nuovo cimitero, le processioni entrano attraverso la porta centrale del livello più basso, e seguono il percorso cerimoniale fiancheggiato dai colombari municipali ed illuminato dall'alto da un grigliato visibile dal prato. Il percorso termina all'altezza di un muro dove il grigliato finisce e l'apertura si allarga. La luce solare illumina l'area riservata alle ultime cerimonie rituali. Sopra, il cielo è visibile attraverso una porta monumentale aperta nel muro, e dei licheni crescono sui mattoni. Da qui, coloro che seguono il funerale possono raggiungere i luoghi di sepoltura all'interno dell'edificio, o salire al livello superiore. I frequentatori abituali del cimitero, invece, possono entrare direttamente dal parcheggio attraverso ingressi aperti nel muro posteriore, e restare sulla terrazza superiore o scendere al livello più basso.

Dal belvedere che si trova al livello superiore, una porta monumentale incornicia la vista del prato terrazzato, le cui fessure convogliano la vista verso le montagne lontane. Il progetto per il cimitero rispecchia le proprie intenzioni. Assoluto come la morte, è calmo, puro, forte. Imponendo una solenne presenza nel paesaggio, offre un luogo per la memoria e la riflessione.

La Porta Meridionale, 1987
Complesso Polifunzionale
Palermo, Sicilia

Palermo, e la Sicilia in generale, sono spesso visti come i luoghi dove i sogni urbanistici ed architettonici dell'Europa sono realizzati; Palermo è una città che attrae e assorbe ciò che è generato altrove. Queste metafore spiegano le origini stilistiche, formali ed iconografiche dei più importanti interventi avvenuti nel corso della storia della città. Per noi, tuttavia, esse non riescono a rendere conto dell'aspetto più affascinante delle imprese urbanistiche ed architettoniche della città: la sua abilità di incorporare ideologicamente i diversi prodotti di molte culture mediterranee. Nessun altro luogo nel Mediterraneo eguaglia la resilienza e la plasticità di Palermo nel ricevere, accomodare, trasformare e perfezionare i disparati influssi della cultura occidentale. Tutto ciò costituisce la fonte della saggezza di Palermo.

Palermo rappresenta un paradigma per un'urbanistica che non è caratterizzata da una idea dominante, ma da un approccio dove ogni intervento appare come una sensazionale imposizione di una "forma forte" sul tessuto urbano della città. Queste forme forti, ora svuotate del loro contenuto ideologico originale, sono intrise del potere di contaminare gli organismi sui quali sono innestate, con le luminose emanazioni della loro chiarezza interna. Sebbene alcune di queste forme forti siano monumenti architettonici tradizionali, come il Teatro dell'Opera, la maggior parte di esse sono generalmente interventi infrastrutturali, come strade, parchi e spazi pubblici.

La capacità, che queste forti forme infrastrutturali hanno sempre avuto, di rigenerare il tessuto urbano della città, rivela *la modernità di Palermo*, nonostante la sua storia millenaria. Molte tecniche di pianificazione, sviluppatesi nel corso degli ultimi trent'anni, hanno affrontato i problemi urbani senza successo, producendo soltanto ambienti banali ed invivibili nelle periferie di molte città europee. Usando la saggezza di Palermo, la nostra scelta di intervento implica l'imposizione di una forte forma che segue la logica della storia urbanistica della città, e fa propri i più avanzati elementi tecno-logici e funzionali disponibili.

Perciò, la proposta progettuale "guida" Via Maqueda verso il suo logico destino, le montagne a sud, seguendo un imperativo storico e nello stesso tempo organizzando parte del nuovo territorio della città. La proposta utilizza un parco pubblico contemporaneo, il Parco del Maredolce, per offrire un luogo di svago ed indicare al tempo stesso un ordine semplice e chiaro per la crescita urbana e la conservazione della natura. Il progetto dà a Palermo un altro monumento, il Belvedere della Corona di Palermo, che nella sua esuberanza come belvedere per le automobili rende la città nuovamente intelligibile ed affrontabile, restituendo ai cittadini il potere di possedere la città. Il progetto propone tre edifici e due parchi disposti lungo la continuazione di Via Maqueda/Via Oreto, che noi chiamiamo Via Coronata.

In tempi recenti, Via Oreto divenne una continuazione della antica Via Maqueda; in questa proposta, diventa Via Coronata e, come dovrebbe, termina contro la montagna. Nella proposta di progetto è enfatizzata una continuità funzionale, circolatoria e geometrica, ma Via Coronata è un edificio, in blu e oro; una strada che corre tra i muri di contenimento in mattoni del parco; una larga rampa che passa attraverso un edificio; infine, diventa una torre.

Oggi, siamo interessati ad una reinterpretazione critica dell'architettura, all'uso e alla potenziale invenzione di tipologie architettoniche ed infrastrutturali della fine del ventesimo secolo, e anche alla questione delle *tipologie emergenti*. Siamo anche interessati alla materialità tecnica degli edifici, ai mezzi e sistemi costruttivi che sono disponibili, contemporanei, efficienti e duraturi. Questo interesse nella tettonica—la ostinata corporeità delle cose—è un complemento necessario ad un atteggiamento di invenzione. Veridicità tecnica e competente approfondimento del dettaglio dovrebbero essere presenti nel progetto per dimostrare che ciò che è stato sognato può essere reso tangibile e "vero". Condizioni senza precedenti si sono dimostrate possibili e migliori delle condizioni precedenti già disponibili, grazie ad una convincente materialità tecnica che noi chiamiamo *realismo senza precedenti*.

Inoltre, siamo coinvolti nello sviluppo di una *iconografia personale*, che non è stata raggiunta facendo affidamento su motivi stilistici, né attraverso il malappropriato uso di un "linguaggio". Così siamo interessati ad una paternità individuale che procede più profondamente, che è più resistente all'usura e rischia di più nel suo desiderio di proporre un mondo ed una differenza. Infine, affrontiamo il problema della *progettazione critica* al giorno d'oggi—l'implacabile uso della critica attraverso il progetto—che coincide con il nostro desiderio di lavorare con operazioni attualmente comuni in altre pratiche artistiche.

Il Quadrifoglio della Porta Meridionale La Porta Meridionale si trova sulla continuazione di Via Maqueda/Via Oreto, storicamente ed urbanisticamente una delle più importanti strade di Palermo, all'intersezione con la circonvallazione della città. In passato, un simile problema urbano sarebbe stato risolto con la costruzione di un ingresso in forma di edificio. La soluzione proposta al problema è centrata sull'automobile, rendendo così la tradizionale porta inappropriata, nostalgica, ed inefficace.

L'ingegneria dei trasporti offre una tipologia che risolve soddisfacentemente il problema, il quadrifoglio. Il progetto se ne appropria e prevede il quadrifoglio come un edificio isolato nel paesaggio e incorniciato da mura. I muri doppi a nord e sud, che misurano 250 metri (820 piedi) per lato, contengono scale e attraversamenti pedonali. Una serie di rampe e strade soprelevate sono progettate come solidi e realizzate in tufo locale, piastrelle di ceramica, e balaustre di Caltagirone. Il pavimento dell'edificio è una piramide piatta rovesciata rifinita in mattonelle di ceramica. La proposta Via Coronata passa indisturbata attraverso l'edificio fino a raggiungere la montagna. In questa appropriazione, noi vediamo un'opportunità per il manifestarsi di operazioni artistiche siciliane costanti ed invariabili ; un eccesso disinibito, una trasformazione di tale forza, che le tracce dell'origine si perdono lungo il processo, e alla fine emerge un prodotto inequivocabilmente siciliano. Guidando attraverso l'edificio, si entra nel quadrifoglio, dove improvvisamente la materialità del piano passa da asfalto nero a ceramiche blu e oro.

La Terrazze di Via Brasca Questo grande e complesso edificio contiene la maggior parte delle richieste del programma : la stazione degli autobus, il parcheggio, quattro edifici per uffici pubblici , e servizi residenziali e commerciali su Via Brasca. Queste quattro componenti sono risolte con le più semplici e comuni tipologie disponibili. Esse sono assemblate verticalmente con parti strutturali e nuclei di circolazione in comune per la stazione degli autobus, il garage e gli uffici pubblici. Le terrazze sono accessibili in automobile da Via Coronata, e a piedi da due gruppi di scale su Via Brasca, e dagli atrii dei palazzi per uffici. Combinando edifici convenzionali e tipi spaziali che raramente sono mescolati insieme, ne risulta un edificio la cui morfologia e il cui ruolo urbanistico non hanno precedenti. Noi lo consideriamo come il passo iniziale della nostra ricerca di un tipo edilizio emergente.

Il Belvedere della Corona di Palermo La nuova via Coronata "urta" contro la montagna esattamente a 100 metri (328 piedi) di altezza sul livello del mare; in questo punto si colloca la torre di Via Coronata. Questa è una torre panoramica, eminentemente pubblica e sempre aperta. Il belvedere si apre a ventaglio ai piedi della torre, offrendo uno spazio di parcheggio; dal belvedere si spiega l'intero panorama di Palermo. Qui, l'infrastruttura si trasforma in edificio, la strada in una torre, e l'asfalto nero nella nera pietra di lava della torre.

Due parchi sono definiti dagli spazi fra i tre edifici. Lo spazio tra il quadrifoglio e la terrazza è un parco urbano formale chiamato Parco del Maredolce; qui la struttura della maglia si relaziona al progetto, e allo stesso tempo è assorbita dalla rete esistente di strade e vie. Tra la terrazza di Via Brasca ed il Belvedere vi è un parco più selvaggio e pittoresco.

University Center, 1987
Carnegie-Mellon University
Pittsburgh, Pennsylvania

Sebbene la Carnegie-Mellon University si vanti di essere un centro internazionale di ricerca ed una scuola all'avanguardia nelle *fine arts*, i suoi servizi di supporto non sono stati sviluppati tanto da consentirgli di competere con gli altri principali centri di ricerca. Nei suoi piani per un nuovo University Center, l'Università chiese un progetto che non soltanto articolasse un ambizioso e complesso insieme di funzioni, ma che fosse anche fantasioso e ispiratore. Posto su un'area a nord-est dell'ingresso principale del *campus*, l'University Center doveva diventare il cuore del *campus* ed anche essere esemplare per i futuri edifici universitari. Data tale prominente posizione, il nuovo edificio direttamente affrontava il problema della presenza di una istituzione all'interno di un contesto urbano.

Le complesse richieste del programma si dividono in due vaste categorie. *Servizi Comuni*: mense; un centro per conferenze; caffè e salottini per gli studenti, e una vasta zona d'incontro; sale per attività ed organizzazioni studentesche; servizi per gli studenti, comprese strutture per i non residenti, servizio informazioni, e così' via; centri direzionali; negozi; uffici amministrativi e depositi. *Attrezzature Sportive*: una grossa palestra, con altre due più piccole, comprendenti una sala pesi; una piscina al coperto; una pista da corsa al coperto lunga un ottavo di miglia (200 metri); campi di squash e racketball; e servizi sussidiari.

Queste richieste programmatiche dovevano essere incorporate in un progetto che consentisse la massima disponibilità per tutte le funzioni, creando un edificio attivo ventiquattro ore su ventiquattro, e che massimizzasse l'interazione tra le persone e la partecipazione in diverse attività. Il programma rappresentava una sfida, dato che parecchie di queste funzioni, come ad esempio gli spogliatoi e le mense, o un negozio di libri e una cappella, non si fondevano bene dal punto di vista funzionale e di servizio.

Due strategie tradizionali per affrontare vasti e complessi programmi non ci sembravano soddisfare le aspirazioni sociali del programma. La strategia di frammentare il programma in una serie di edifici separati sembrava inappropriata, perché tale separazione avrebbe compromesso l'interazione sociale. La seconda strategia, quella di un singolo edificio contenente tutte le funzioni, avrebbe inevitabilmente portato ad un edificio di dimensioni sproporzionate, completamente fuori scala rispetto al *campus*.

La nostra proposta di progetto per l' University Center è basata su approcci tipologici ed iconografici combinati con una strategia spaziale che affronta le sfide poste da queste complesse richieste programmatiche e fisiche. Qui ciascuna unità funzionale è progettata secondo una immagine ed un tipo edilizio che la distingue; il progetto è pertanto organizzato in 10 gruppi di attività separati, ma al tempo stesso compatibili, e l'intero centro funziona come un unico grande e complesso edificio organizzato su una griglia non gerarchica. Da questo approccio risultano gli aspetti salienti del progetto.

La *ricchezza spaziale* è intensificata, producendo una esperienza non ripetitiva, dove non solo variano le altezze e le forme di stanze e soffitti, ma anche il suolo offre una topografia ricca e nuova, sfruttando le variazioni del terreno. Nella pianta generale, non vi è un centro definito, né un piano terra chiaramente identificabile; questo è definito, piuttosto, dal punto in cui si entra. Inoltre, questo approccio enfatizza gli spazi tra gli edifici, che diventano strade, percorsi ed aree comuni a vari livelli, dai quali si possono osservare le unità funzionali adiacenti e gli altri sistemi di circolazione.

La *ricchezza d'immagine* risulta dalla selezione di tipologie spaziali semplici e distinte per ciascuna unità funzionale. La scelta dell'ispirazione d'insieme e delle diverse immagini deriva dallo spirito di Pittsburgh e dai progetti di Henry Hornbostel, l'architetto del *campus*, che combinò i principi dell'architettura classica e le regole compositive delle *Beaux Arts* con il reportorio di immagini industriali della Pittsburgh dell'inizio del secolo.

Questo progetto aderisce alle richieste del programma ed alle complessità del sito, lasciando da parte estetismi auto-indulgenti e preoccupazioni metafisiche. Ci auguriamo che la proposta per l'University Center rifletta la stessa inventiva dell'architettura di Hornbostel, cominciando da una semplice risposta al programma, ma trovando ispirazione per un intervento creativo nelle funzioni ed attività stesse, nella sperimentazione con i materiali, ed in inattese combinazioni di spazi e tecnologie. Come i progetti di Hornbostel, il nostro non rifiuta la storia, la continuità od un rapporto con il contesto, ma neanche si degrada con operazioni di mimetismo storico. Miscelando la ricca strategia spaziale della Bank of England di Soane ed il rigore progettuale del Palazzo di Diocleziano o dell'Albergo dei Poveri di Fuga, la nostra proposta progettuale può essere vista come un contributo moderno alla piccola famiglia degli edifici di dimensioni molto estese.

Aree Espositive, Padiglione e Porto, 1988
Per L'Esposizione Nazionale Italiana del 1991
Palermo, Sicilia

L'Esposizione Nazionale Italiana del 1991, che celebrerà le attività tipiche dei paesi mediterranei, si terrà lungo il litorale di Palermo, e commemorerà il centenario della Esposizione Nazionale del 1891, che guidò l'espansione di Palermo a cavallo del secolo. L'Esposizione ha degli obiettivi urbanistici chiaramente dichiarati : ricongiungere Palermo con il mare e riconoscere la nuova dimensione della città oltre i limiti del centro storico. Il programma dell'Esposizione comprende una serie di nove approdi sul lungomare di Palermo, interessando un arco di oltre dieci miglia (16 chilometri), che descrive gli attuali confini di Palermo.

Nel promuovere, in punti strategici del litorale, una serie di attività culturali temporanee, che richiedono importanti interventi architettonici e urbanistici, l'Esposizione propone che le strutture permanenti dei progetti servano come indicatori per sviluppi futuri. Per quartieri come lo Sperone, dove l'attuale situazione urbanistica e architettonica è molto poco chiara, il nostro approccio inverte la cronologia del progetto, affrontando prima le questioni a lungo termine, e risolvendo poi i problemi specifici dell'Esposizione.

In questo progetto, che studia la sistemazione di una delle nove aree espositive, sono previsti un padiglione dell'artigianato del Mediterraneo ed un porto per la zona, chiamata appunto lo Sperone. Inizialmente fuori dalle mura di Palermo, lo Sperone era un'area periferica a bassa densità edilizia, collegata direttamente con il litorale ed il centro di Palermo da via Messina. Oggi, lo Sperone è una delle zone di Palermo che crescono più rapidamente, seguendo lo schema postbellico di disordine urbanistico delle grandi metropoli mediterranee. Un risultato di questa crescita è stata la trasformazione della zona costiera dello Sperone in una delle più altamente congestionate della città. Forse la più emblematica manifestazione di questo processo di urbanizzazione è la perdita del rapporto dello Sperone con il mare, e la drammatica mutazione della sua linea di costa, dovuta all'accumulazione di detriti e discariche.

Partendo da queste premesse, il progetto impone una infrastruttura estremamente semplice per il progetto – sia formale che costruttivo – dello Sperone, seguendo la strategia del progetto per la Porta Meridionale, dove una forma forte è inserita nel cuore di un tessuto urbano disordinato, e accettando il fine dell'esposizione di ricongiungere l'area residenziale dello Sperone direttamente con il mare.

Dato che Via Messina non può essere riportata al suo ruolo originario di grande *promenade*, proponiamo di allargarla fino alla generosa dimensione che ha nel centro storico di Palermo. Con la riduzione della congestione del traffico, che risulta dal completamento della circonvallazione intorno alla città, Via Messina può così' diventare un ampio viale adatto ad usi più tranquilli.

In asse con la principale strada perpendicolare, il padiglione dell'artigianato ed il porto sono sistemati in modo semplice e chiaro come una struttura che circonda un cortile d'acqua. Per soddisfare maggiormente gli obiettivi del progetto, tutte le strade perpendicolari accedono alla riva, e tre nuove strade con lo stesso orientamento sono create *ex-novo*, senza disgregare il tessuto esistente.

Le rimanenti parti del progetto riguardano interamente la linea costiera, utilizzando terrazzamenti, rampe, e prati lievemente degradanti per enfatizzare con chiari dispositivi architettonici l'immagine di una città in rapporto con il mare, approfittando nel contempo del dislivello medio di 5 metri (16.5 piedi) tra la strada ed il livello dell'alta marea.

Per soddisfare sia l'obiettivo temporaneo di area espositiva, sia quello a lungo termine di ricollegare lo Sperone con la città e con il mare, intendiamo creare un'area che sarà' un nuovo ed importante centro di attrazione nella città per attività collettive – un luogo che può accogliere i grandi raduni di persone, i festivals e le manifestazioni artistiche caratteristiche di una vasta area urbana – nonché offrire dei luoghi tranquilli per il riposo e lo svago dei cittadini di Palermo.

Il Padiglione dell'Artigianato ed il Porto Il padiglione d'esposizione ed il porto sono sistemati insieme al centro del proposto sviluppo in un unico edificio, un grande palazzo con un cortile di 100 metri (328 piedi) per lato, che è il porto stesso. Il piano sotto al livello stradale (un metro sopra il livello dell'alta marea) è dedicato interamente alle attività del porto, ed è costruito in cemento armato e muratura.

Il piano al livello della strada (cinque metri sopra il livello dell'alta marea) contiene il principale luogo di raduno dell'esposizione, negozi, e servizi amministrativi e sussidiari. Le rimanenti ali a questo livello presentano una esposizione sistematica dell'artigianato; si tratta di strutture permanenti in cemento che circondano il cortile d'acqua con aperture verso celle che contengono stands dove i prodotti sono sistematicamente organizzati per l'esposizione e la vendita. Il livello superiore, dove si tiene un'esposizione dell'artigianato organizzato secondo temi specifici, consiste di grandi padiglioni provvisori costruiti in travi d'acciaio e pannelli di legno e metallo. Questi grandi padiglioni sono collegati fra loro da ponti, e collocati tra strutture permanenti in cemento armato, che contengono la circolazione verticale, i servizi igienici, le cucine e gli impianti tecnologici.

Il cortile d'acqua consiste in una griglia quadrata di pilastri di 20 metri (66 piedi) per lato, a cinque metri sopra il livello dell'alta marea, che durante l'esposizione serve da base per le strutture temporanee in metallo necessarie per i tendoni di copertura. Tutti gli edifici permanenti sopra il livello stradale sono rivestiti di tufo.

Il Gran Teatro della Conca d'Oro A est del padiglione proponiamo un vasto spazio pubblico organizzato in terrazze che salgono dalla riva e raggiungono l'altezza di quattro metri (13.3 piedi). Queste terrazze, larghe 10 metri (33 piedi), sono articolate su entrambi i lati di una terrazza larga 20 metri (66 piedi), al livello della strada. Questa terrazza centrale, una volta finita con un disegno irregolare in pietra, potrebbe diventare la principale passeggiata pedonale dello Sperone.

Verso il mare, le terrazze degradano fino a scoprire una sottostante griglia quadrata di pilastri di 10 metri (33 piedi) per lato, la cui altezza è determinata dal livello stradale. Strutture provvisorie potrebbero esservi costruite sopra durante l'esposizione, e nel futuro essere rimpiazzate da piccole strutture commerciali progettate come supporto alle attività ricreative. Verso la città, le terrazze salgono come larghe gradonate che accolgono tribune, aiuole verdi e un'imponente distesa di palme reali su una griglia quadrata di 10 metri (33 piedi) per lato; il tutto costituisce un vasto giardino pubblico. La configurazione di questa intera area suggerisce quella di un grande teatro all'aperto, capace di 50.000 posti a sedere, che diverra' una delle principali sedi per incontri di massa e spettacoli per i cittadini di Palermo.

Laboratori artigiani e alloggi per artisti A sud-est del padiglione, una serie di edifici bassi definisce il fronte sull'acqua di Via Messina e forma un limite per il Gran Teatro. Queste strutture contengono negozi al piano terra e laboratori artigiani al primo piano, il tutto collegato da una loggia al livello dei quattro metri sul lato della strada, dove si ricollega con la terrazza superiore del Gran Teatro. Vogliamo che questi edifici facciano parte dell'esposizione, dove i prodotti artigianali possono essere fatti e venduti; dopo l'esposizione, potranno essere utilizzati come alloggi e laboratori per artisti.

Gli stabilimenti balneari A nord-est del padiglione giace la parte più considerevole dell'originaria spiaggia dello Sperone. Dato che a causa dell'inquinamento non ci si può bagnare a mare, il progetto comprende tre piscine pubbliche : due a uso ricreativo per le famiglie ed una terza, posta vicino al *natatorium* al coperto, per il nuoto agonistico. Le tre piscine sono a due metri (6.5 piedi) sotto al livello stradale e appaiono al passante come proiettate sopra il Mediterraneo. La spiaggia può essere raggiunta dalle piscine attraverso una rampa. Tra il padiglione e le piscine, un tendone fa ombra su una larga terrazza che serve come area di gioco per bambini e come asilo nido.

La Barca Un ultimo elemento, La Barca, è inserito nell'angolo nord-est del padiglione. Si tratta di un pezzo distinto che può essere separato dall'edificio principale in occasioni speciali, diventando una spettacolare chiatta galleggiante. La Barca può essere fatta galleggiare in asse con il Gran Teatro, dove funziona da palcoscenico. La Barca potrebbe diventare una delle attrazioni principali dell'esposizione, cosi' come essere un importante elemento caratteristico di Palermo, nella tradizione dei monumenti e delle *follies* lasciate in eredità da queste grandi esposizioni.

Rodolfo Machado

Rodolfo Machado è nato a Buenos Aires, in Argentina, nel 1942, ed è cittadino degli Stati Uniti d'America, ove risiede dal 1968.

Machado ha ricevuto il suo Diploma in Architettura dalla Università di Buenos Aires. Nel corso dell'anno accademico 1967-68 ha studiato Urbanistica al Centre de Recherche d'Urbanisme a Parigi, in Francia, e nel 1971 ha conseguito il Master in Architettura alla University of California, a Berkeley.

Machado ha insegnato a tempo pieno alla University of California, a Berkeley, alla Carnegie-Mellon University ed alla Rhode Island School of Design, di cui ha diretto il Dipartimento di Architettura dal1978 al 1986. Ha tenuto seminari e conferenze, ed è stato professore a contratto in molte università americane ed europee; fra gli incarichi più importanti, ricordiamo quelli di Bishop Professor of Architecture alla Yale University, e di Smith Professor of Architecture alla Rice University. Attualmente, Machado è Adjunct Professor di Urbanistica ed Architettura alla Graduate School of Design della Harvard University. E' usualmente membro delle giurie delle istituzioni nazionali, di *arts programs* nei vari stati americani, e dell'American Institute of Architects Awards Programs.

Machado ha svolto attività professionale a San Francisco, in California, e a Pittsburgh, in Pennsylvania. E' in società con Silvetti dal 1974 nella Machado and Silvetti Associates, Inc., a Boston, nel Massachusetts. I disegni, gli scritti ed i progetti di Machado sono stati ampiamente pubblicati ed esposti in musei e gallerie d'arte di tutto il mondo; i suoi disegni fanno parte di numerose collezioni private. L'opera di Machado e Silvetti ha rappresentato l'architettura americana alla Biennale di Venezia del 1980, e l'urbanistica americana alla Biennale di Parigi dello stesso anno. Il loro studio ha ricevuto cinque Progressive Architecture Awards e Citations, oltre a premi e riconoscimenti in Argentina, Francia e Germania.

Jorge Silvetti

Jorge Silvetti è nato a Buenos Aires, in Argentina, nel 1942, ed è cittadino statunitense. Ha studiato teoria ed esecuzione musicale al Conservatorio di Buenos Aires ed Architettura all'Università di Buenos Aires. Negli Stati Uniti dal 1967, ha conseguito il Master in Architettura alla University of California, a Berkeley, dove ha poi continuato a svolgere ricerca nel campo della Teoria e della Critica dell'Architettura. Ha insegnato alla University of California, Berkeley, ed alla Carnegie-Mellon University, e – come professore a contratto – al Polytechnic Institute di Zurigo e alla Università di Palermo, in Sicilia. Dal 1975 insegna alla Graduate School of Design della Harvard University, dove dal 1983 è Professor of Architecture in Design and Design Theory; dal 1985 è Direttore del Master Program in Architettura, e dal 1988 dirige un ampio programma di ricerca sull'architettura, l'urbanistica e l' architettura dei giardini in Sicilia.

Silvetti ha ricevuto il Prix de Rome 1985–86, una borsa di studio NEA nel 1984, due Progressive Architecture Awards, il secondo premio (insieme ad altri) nel Concorso Internazionale per la ristrutturazione della Villette a Parigi e, con Rodolfo Machado, tre Progressive Architecture Awards ed un premio per il progetto del nuovo DOM Corporate Headquarters a Colonia.

I suoi progetti e quelli del suo studio, Machado and Silvetti Associates, Inc., sono stati pubblicati sulle principali riviste internazionali di architettura, ed esposti negli Stati Uniti, in Europa ed in America Latina; fra le sedi più importanti ricordiamo il Museum of Modern Art di New York, il Centre Pompidou a Parigi, la Biennale di Venezia, il National Building Museum a Washington D.C., l'I.B.A. di Berlino del 1984, e la XVII Triennale di Milano nel 1987. Ha inoltre prodotto una vasta serie di scritti di teoria e critica dell'architettura.

DATE DUE

OCT 2 4 199   APR 1 8 199

AUG 1 6 1993